컬러링으로 더 재밌는
모두의 국기

초판 1쇄 인쇄 2021년 7월 15일
초판 8쇄 발행 2025년 8월 11일

글 채은

펴낸곳 대림출판미디어
펴낸이 유영일
마케팅 신진섭
등록 제2021-000005호
주소 서울시 영등포구 대림로34다길 16, 다청림 101동 301호
전화 02-843-9465
팩스 02-6455-9495
E-mail yyi73@naver.com
Tistory https://dae9495.tistory.com

ISBN 979-11-975080-1-1
　　　　979-11-975080-0-4 (세트)

※ 이 책에 나오는 내용 일부는 한국 상황에 맞게 수정 및 추가하였습니다.
※ 값은 뒤표지에 있습니다. 잘못된 책은 바꾸어 드립니다.

채은 글

모두의 국기
아시아

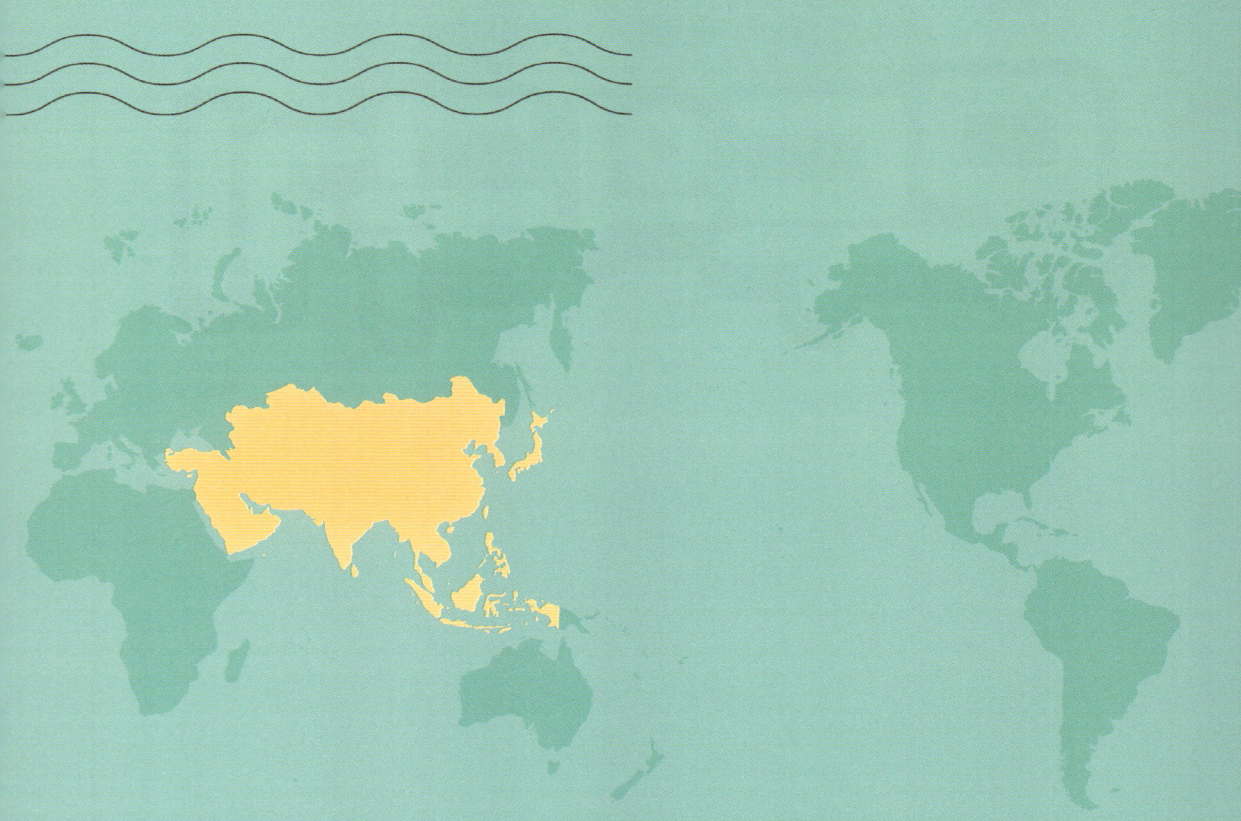

목차

1. 한국 ⋯ 8
2. 일본 ⋯ 10
3. 중국 ⋯ 12
4. 인도 ⋯ 14
5. 인도네시아 ⋯ 16
6. 방글라데시 ⋯ 18
7. 사우디아라비아 ⋯ 20
8. 카타르 ⋯ 22
9. 이라크 ⋯ 24
10. 이란 ⋯ 26
11. 베트남 ⋯ 28
12. 필리핀 ⋯ 30
13. 캄보디아 ⋯ 32
14. 태국 ⋯ 34
15. 스리랑카 ⋯ 36
16. 네팔 ⋯ 38
17. 부탄 ⋯ 40
18. 싱가포르 ⋯ 42
19. 몽골 ⋯ 44
20. 쿠웨이트 ⋯ 46

1. 한국 (대한민국)

수도	서울	언어	한국어
인구	5,180만 명	통화	원
면적	100,410㎢		
인사말	안녕하세요		

　대한민국의 국기는 태극기(太極旗)라고 해요. 태극기는 흰 바탕 위에 짙은 붉은색과 파란색의 태극 문양을 가운데에 두고 검은색의 건·곤·감·리 4괘가 네 귀에 둘러싸고 있어요.

　세계에서 가장 철학적인 국기인 태극기를 처음 만든 것은 일본의 군함인 운요호가 조선을 공격했던 사건이 계기가 되었대요. 1876년 일본과 조약을 체결하면서 조선의 관리들이 일본의 국기를 보고 조선도 국기가 있어야 한다고 생각했고, 1882년 미국과 조약을 체결할 때 처음으로 태극기를 사용했다고 해요.
　대한민국의 국화는 무궁화이고 전체 인구 중 대다수가 수도권에 살고 있어요. 대표 음식으로는 김치, 불고기, 비빔밥 등이 있어요.

> **한반도**
> 우리나라 국토를 지형적으로 일컫는 말로, 북한의 압록강과 두만강을 경계로 하며, 제주도 등 우리나라 국토의 전역을 포함해요. 면적은 22만 1336㎢예요.

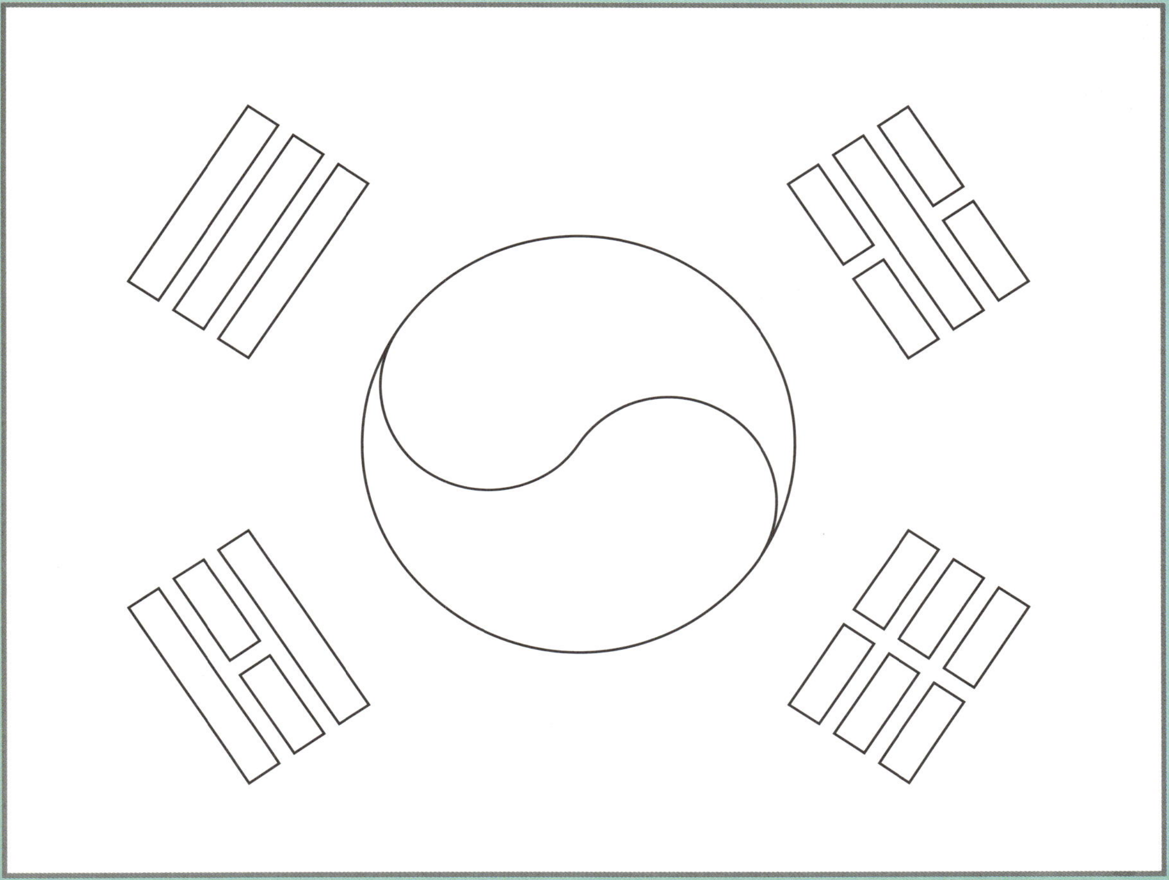

★ 나라별 국기를 색칠해 보세요.

대한민국의 '빨리빨리' 문화는 조급하다는 부정적인 의미도 있지만, 긍정적으로 보면 활기차고, 부지런한 상징성을 갖기도 합니다. 그래서 대한민국이 급속한 경제 성장과 과학 기술의 발전을 이룩할 수 있었던 것도 '빨리빨리' 문화 덕분이라고 분석하는 사람이 많답니다.

대한민국 국보 서울 숭례문

2. 일본

수도	도쿄	언어	일본어
인구	1억 2,605만 명	통화	엔
면적	377,975㎢ (한반도의 약 1.7배)		
인사말	곤니찌와		

일본의 국기는 일장기라고 불러요. 하얀 바탕 한 가운데 있는 붉은 원은 '태양'을 의미해요.

일본은 지금도 화산 활동이 활발한데 대표적인 화산으로 활화산인 후지산이 있으며, 세계에서 지진이 자주 발생하는 나라 중 하나여서 수많은 인명과 재산 피해를 보고 있지요. 지진의 위험이 많은 만큼 일본은 지진에 대비하는 습관을 오래전부터 길러 왔고 건물을 지을 때도 지진을 대비한 설계로 안전하게 짓고 있어요.

외국 사람들이 '일본' 하면 제일 먼저 떠올리는 음식이 무엇일까요?

바로 생선회와 초밥이에요.

섬나라 일본은 각종 해산물이 풍부한 나라로, 지금도 세계 최대의 수산물 생산국이자 소비국이에요. 신선한 해물을 이용한 회와 초밥은 누구나 좋아하는 음식이고, 문어 조각을 넣어 만든 일본식 간식 다코야키는 우리나라에서도 흔히 볼 수 있어요.

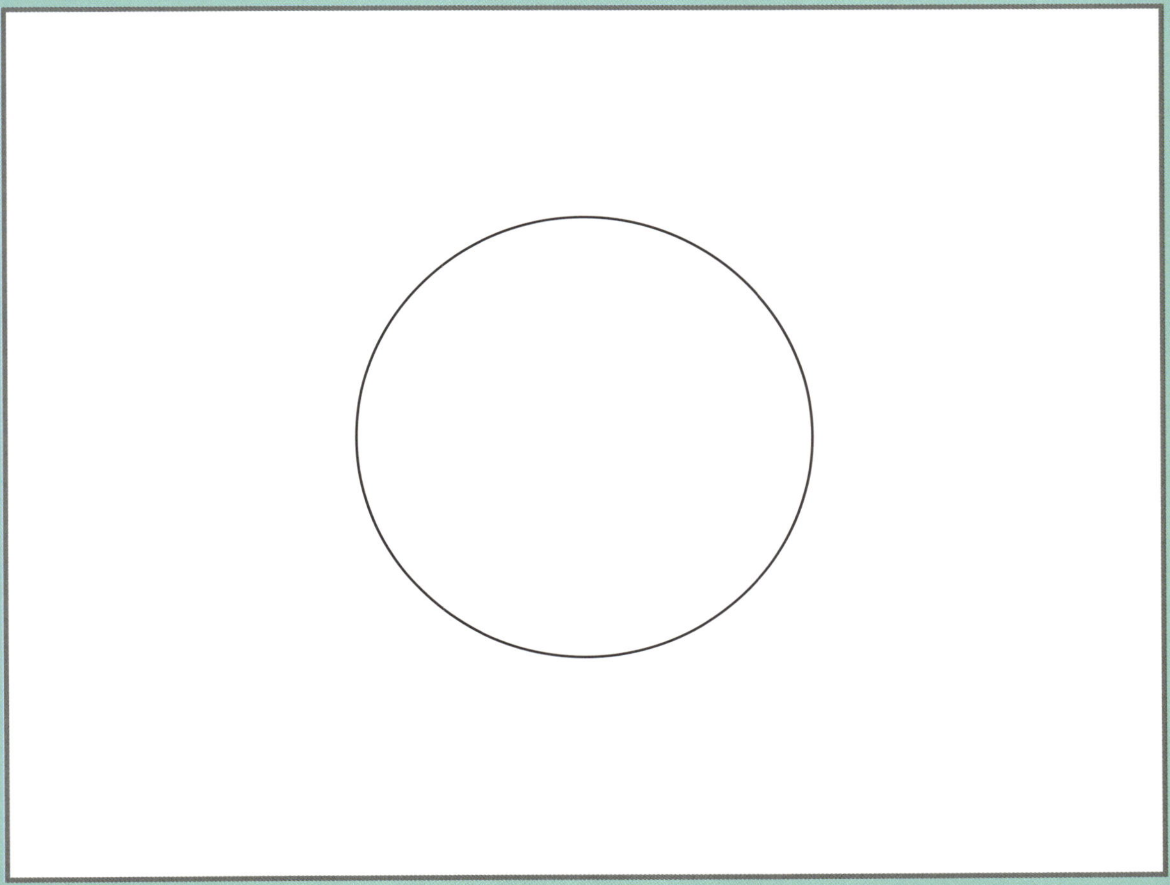

★ 나라별 국기를 색칠해 보세요.

일본은 사방이 바다로 둘러싸여 있고 6,852개의 섬으로 이루어진 섬나라여서 생선 요리가 발달하고 수산 시장도 아주 유명한 곳이 많아요.

일본의 대표 음식 초밥, 생선회

3. 중국

수도	베이징	언어	중국어
인구	14억 2,000만 명 (대만, 홍콩, 마카오 제외)	통화	위안
면적	9,600,000㎢ (한반도의 약 44배)		
인사말	니 하오		

    중국의 국기는 오성홍기라 불러요. 큰 별은 중국 공산당을 뜻하며 네 개의 작은 별은 노동자, 농민, 소자산 계급과 민족 자산 계급을 나타내죠. 붉은색은 공산주의와 혁명, 노란색은 광명을 뜻해요.

    중국의 황허는 세계 4대 문명의 발상지 중 하나로, 이미 3천여 년의 문자 기록이 있는 역사를 가지고 있어요. B.C. 221년 진(秦)나라의 시황제가 처음으로 통일을 이루었고, 이후 1949년 중화 인민 공화국을 합법적인 중국 정부로 인정하였어요.

    세계에서 인구가 가장 많은 나라로 인구의 90% 이상이 한족이고, 50여 개의 소수 민족으로 이루어져 있고, 세계에서 4번째로 큰 면적을 가지고 있어요.
    중국에는 세계 7대 불가사의의 하나이며 유네스코 세계 유산 등재 유적인 만리장성이 있답니다.

★ 나라별 국기를 색칠해 보세요.

만리장성

중국의 성벽 유적.
1987년 유네스코 세계 문화유산으로 지정 되었어요.
진시황은 북방 민족의 침입에 대비하여 만리장성을
지으라 명령했고, 이것이 방어 산성으로 세계에서
가장 장대한 규모의 군사 시설물이 되었어요.

4. 인도 (인도 공화국)

수도	뉴델리	언어	힌두어, 영어
인구	13억 5,000만 명 (세계 2위)	통화	인도 루피
면적	3,287,782㎢ (한반도의 15배)		
인사말	나마스떼		

　인도의 국기에는 주황색, 하얀색, 초록색 세 가지 색으로 구성된 가로 줄무늬가 있고 가운데에는 아소카 차크라(24개의 축을 가진 파란색 법륜)가 그려져 있어요.

　주황색은 용기와 헌신을, 하얀색은 진리와 평화를, 초록색은 믿음과 번영을 의미하며, 파란색 법륜은 마우리아 제국의 황제였던 아소카의 사자상에 새겨져 있는 법륜에서 유래되었어요.

　인도는 세계 7위 면적을 가지고 있으며 인구 또한 세계 2위로 많고 수백 개의 언어가 있는 것으로 알려져 있어요.
　인더스 강의 도시 문명은 4대 문명 중 하나이고 불교와 자이나교의 발상지이기도 해요. 18세기부터는 영국의 지배를 받다가 1947년에 간디의 기여로 영국에서 독립하였어요.

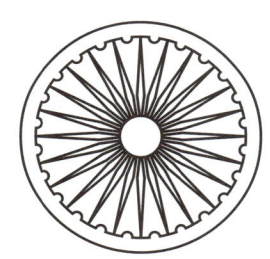

★ 나라별 국기를 색칠해 보세요.

인도에서 농림·수산업 부문은 국민 총생산(GNP)의 약 절반 정도를 차지해요. 전 국민 중 약 80%가 이에 종사하여 매우 비중이 크다고 할 수 있어요.

주요 농산물로는 쌀, 밀, 면화, 사탕수수, 고무 등이 있어요.

인도는 카레가 유명하지요!!

5. 인도네시아 (인도네시아 공화국)

수도	자카르타	언어	인도네시아어
인구	2억 6,691만 명	통화	루피아
면적	1,900,000㎢ (한반도의 약 9배)		
인사말	슬라맛 빠기(아침), 슬라맛 시앙(낮), 슬라맛 소레(오후), 슬라맛 말람(저녁)		

　인도네시아의 국기는 붉은색과 하얀색 가로 줄무늬로 구성되어 있어요. 붉은색은 용기를, 하얀색은 순결을 의미해요.

　17,000여 개의 섬으로 이루어진 인도네시아는 세계에서 섬이 가장 많은 나라이고, 주요 섬으로는 수마트라, 자바, 보르네오, 술라웨시, 뉴기니 등이 있어요.

　세계에서 4번째로 인구가 많은 국가이며, 이슬람교가 최대 종교예요. 세계에서 가장 인구가 밀집된 섬인 자바 섬에는 인도네시아 전체 인구의 절반 이상이 모여 살고 있어요.

　인도네시아의 자바 섬에서 생산되는 코피루왁은 세계에서 가장 비싸기로 유명한 커피예요. 그런데 이 커피가 유명한 이유는 다름 아닌 커피의 재료가 고양이 똥에서 채취되어서래요.

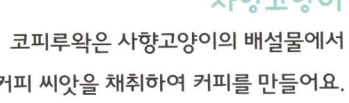

★ 나라별 국기를 색칠해 보세요.

사향고양이
코피루왁은 사향고양이의 배설물에서 커피 씨앗을 채취하여 커피를 만들어요.

ⓒ 미상Unknown author, CC BY-SA 4.0

6. 방글라데시 (방글라데시 인민 공화국)

수도	다카	언어	벵골어
인구	1억 6,265만 명	통화	타카 (Tk)
면적	147,570㎢ (한반도의 약 2/3)		
인사말	앗살라무 알라이꿈		

방글라데시 국기는 초록색 바탕 가운데에 붉은색 원이 그려져 있는데, 초록색은 젊은이의 의지와 방글라데시의 풍요로운 대지를, 붉은색 원은 방글라데시의 독립을 위해 흘린 피와 벵골 지방에 떠오르는 태양을 의미해요.

방글라데시는 국토 면적이 한반도의 3분의 2 정도 되는 작은 나라인데, 인구는 세계에서 7번째로 많아, 면적에 비해 사람들이 많이 살고 있어요. 세계에서 가장 인구 밀도가 높은 국가 중 하나이며, 국민 대다수는 벵골어를 쓰는 벵골인이고 대부분이 이슬람교도예요.

1971년 독립국 방글라데시가 수립되었고. 독립 이후 대부분의 산업을 국유화했으나 1983년에 거의 모든 분야가 다시 사유화되었어요. 전체 노동력의 5분의 3 가량이 농업에 종사해요.

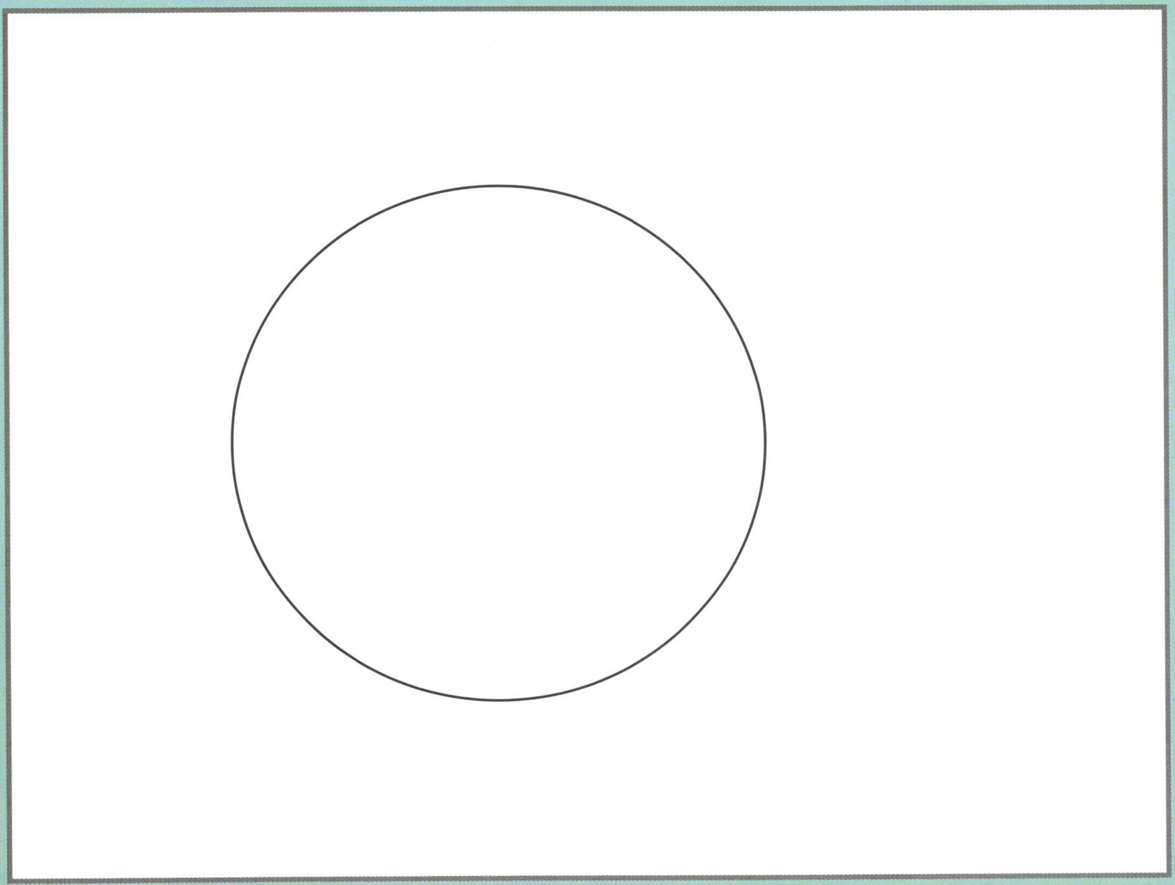

★ 나라별 국기를 색칠해 보세요.

인도와 방글라데시에 걸쳐 있는 순다르반스 지역에는 세계 최대의 맹그로브 숲이 있어요.

맹그로브 숲
다양한 생물들의 활동을 관찰할 수 있는 숲이에요.

7. 사우디아라비아 (사우디아라비아 왕국)

수도	리야드	언어	아랍어
인구	3,410만 명	통화	사우디 리얄
면적	2,150,000㎢ (한반도의 10배)		
인사말	앗살라무 알라이쿰		

사우디아라비아 국기 바탕의 초록색은 이슬람교를 나타내는 전통적인 색이에요. 중앙에는 아랍어로 오른쪽에서 왼쪽으로 '알라 외에는 신(神)이 없고, 모하메드는 알라의 사도다'라는 《코란》의 구절이 쓰여 있어요. 아랍어 문구 밑에 있는 칼은 이슬람교와 알라를 이교도(개신교, 유대교 등의 적대 세력)로부터 사수함을 상징해요.

석유는 에너지 연료뿐 아니라 다양한 산업 제품을 만드는 데 널리 사용되고 있는데, 이 석유 매장량이 세계에서 가장 많은 나라가 사우디아라비아이고, 그래서 세계 여러 나라에 수출을 한답니다.

사우디아라비아는 이슬람교의 발상지이자, 이슬람교 최대의 성지인 메카(이슬람교의 창시자인 마호메트가 태어난 도시)가 있는 나라예요. 그래서 국민의 100%가 이슬람교를 믿고 있으며, 이슬람교의 경전인 코란의 율법이 헌법처럼 강력히 시행되고 있어요.

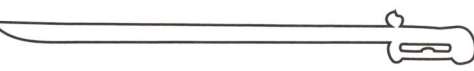

 나라별 국기를 색칠해 보세요.

코란
이슬람교도들이 신의 말씀이라고 믿는 이슬람의 경전. 아랍어로 기록되었고, 114장 6,200여 절로 구성되어 있어요.

8. 카타르 (카타르국)

수도	도하	언어	아랍어, 영어
인구	280만 명	통화	카타르 리얄
면적	11,581㎢ (대한민국 경기도 크기)		
인사말	앗살라무 알라이쿰		

카타르 국기는 갈색 바탕에 깃대 쪽으로 하얀색 띠가 그려져 있는데, 하얀색은 평화를, 갈색은 카타르가 겪은 여러 차례의 전쟁에서 흘렸던 피를 의미해요. 아홉 개의 톱니는 1916년 영국과 맺은 특별 조약을 통해 카타르가 영국의 보호령으로 편입된 국가임을 뜻해요.

대한민국보다 작은 면적이며 국토의 대부분이 사막 지대예요. 그래서 전체 면적 가운데 경작이 가능한 땅은 매우 적어 목축업이나 어업에 종사하는 사람들이 많아요.

카타르는 어마어마한 천연자원을 가진 나라로 석유와 천연가스를 수출하여 엄청난 돈을 벌고 있어요. 그래서 그 많은 돈으로 국민들에게 다양한 혜택을 제공하고 있답니다.

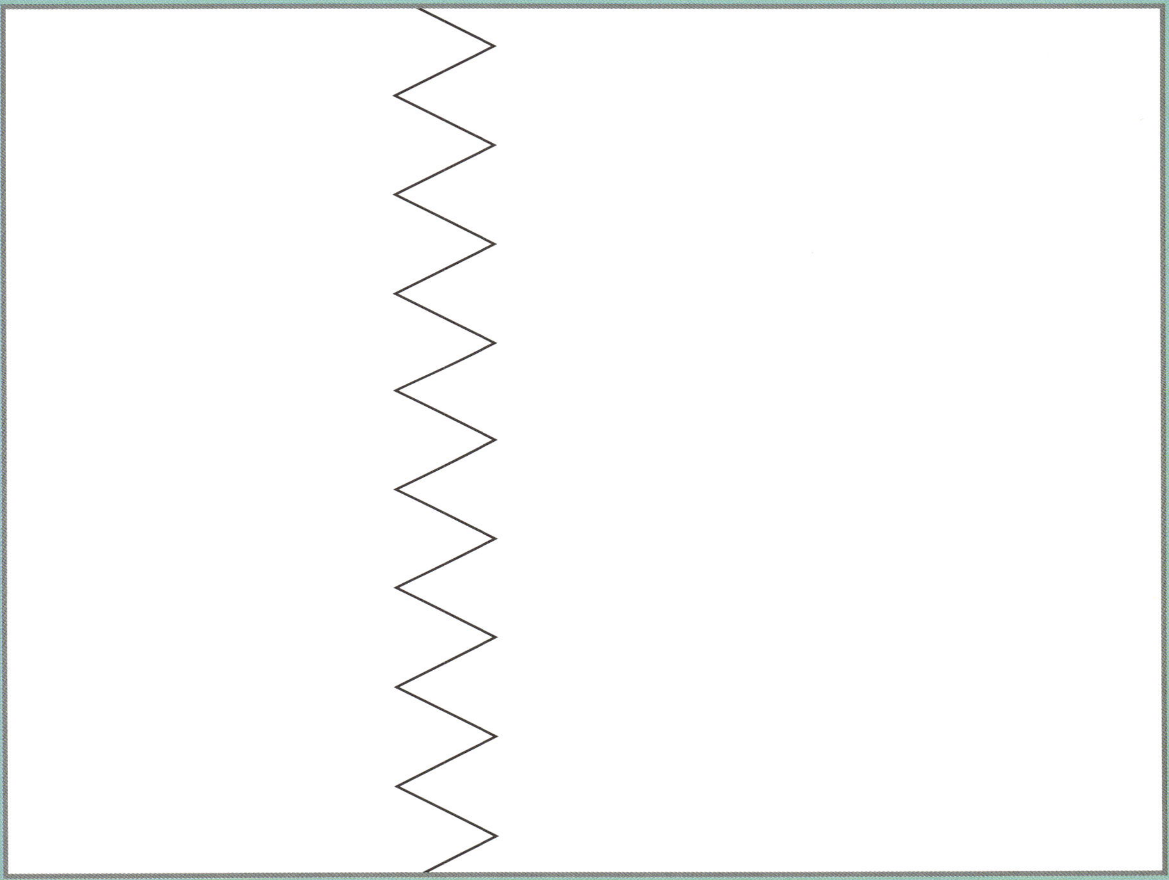

★ 나라별 국기를 색칠해 보세요.

카타르의 인공섬 '펄 카타르'
바다를 메워 만든 인공섬으로, 주거단지, 쇼핑 및 레저 시설 등으로 구성되어 있어요.

9. 이라크 (이라크 공화국)

수도	바그다드	언어	아랍어(공용어), 쿠르드어(북부지역)
인구	3,965만 명	통화	디나르
면적	441,839㎢ (한반도의 약 2배)		
인사말	앗살라무 알라이쿰		

이라크 국기는 붉은색·하얀색·검은색의 삼색 바탕에 '알라는 위대하다'라는 뜻의 아랍어를 써 놓았어요. 붉은색은 전쟁의 가혹함을, 하얀색은 관용을, 검은색은 칼리프 시대의 영광이라는 뜻이 있어요.

보통 여름 날씨가 30도만 넘어도 무척이나 더운데 이라크 공화국 수도인 바그다드는 여름에 평균 기온이 33도가 넘어가고 가장 더울 때는 50도가 넘어갈 때도 있어요.
그래서 이 지역 사람들은 낮에는 주로 잠을 자는 습관이 있다고 해요.

이라크 주민의 대부분은 이슬람교를 믿으며, 이 중 시아파가 60~65%, 수니파가 32~37%이다. 소수 종교로는 기독교와 야지디교 등이 있어요.

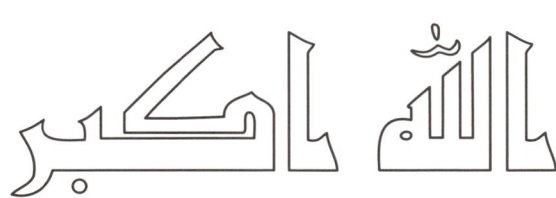

★ 나라별 국기를 색칠해 보세요.

이라크 전쟁

2003년 3월, 미국과 영국 연합군이 이라크의 대량 살상 무기를 개발해 전 세계의 평화를 위협한다는 이유로 이라크를 공격한 전쟁이에요. 2003년 3월 20일부터 2011년 12월 18일까지 전쟁이 계속되었어요.

10. 이란 (이란 회교 공화국)

수도	테헤란	언어	페르시아어 (공용어)
인구	8,490만 명	통화	이란 리알
면적	1,640,000㎢ (한반도의 7.5배)		
인사말	쌀람		

　이란 국기의 바탕에 있는 초록색은 이슬람교, 하얀색은 평화, 붉은색은 용기를 상징해요. 중앙에는 '신은 위대하다'라는 뜻의 구절이 22번 반복(위아래로 각 11번씩)으로 쓰여 있어요.

　이란은 세계적인 산유국으로, 석유가 국가 경제에서 차지하는 비중이 굉장히 높은 편이나 정제 기술이 크게 부족하고 다른 공업 발전도 더뎌 공업력이 좋지 않아요. 미국과의 관계도 나빠서 미국으로부터 경제 제재를 받고 있고 이로 인해 국가 경제가 큰 어려움을 겪고 있어요.
　1980년부터 1988년까지는 이란·이라크 전쟁이 일어났어요.
　1980년 9월 22일 이라크 사담 후세인이 이란을 침공하여 발생했어요.

아시아

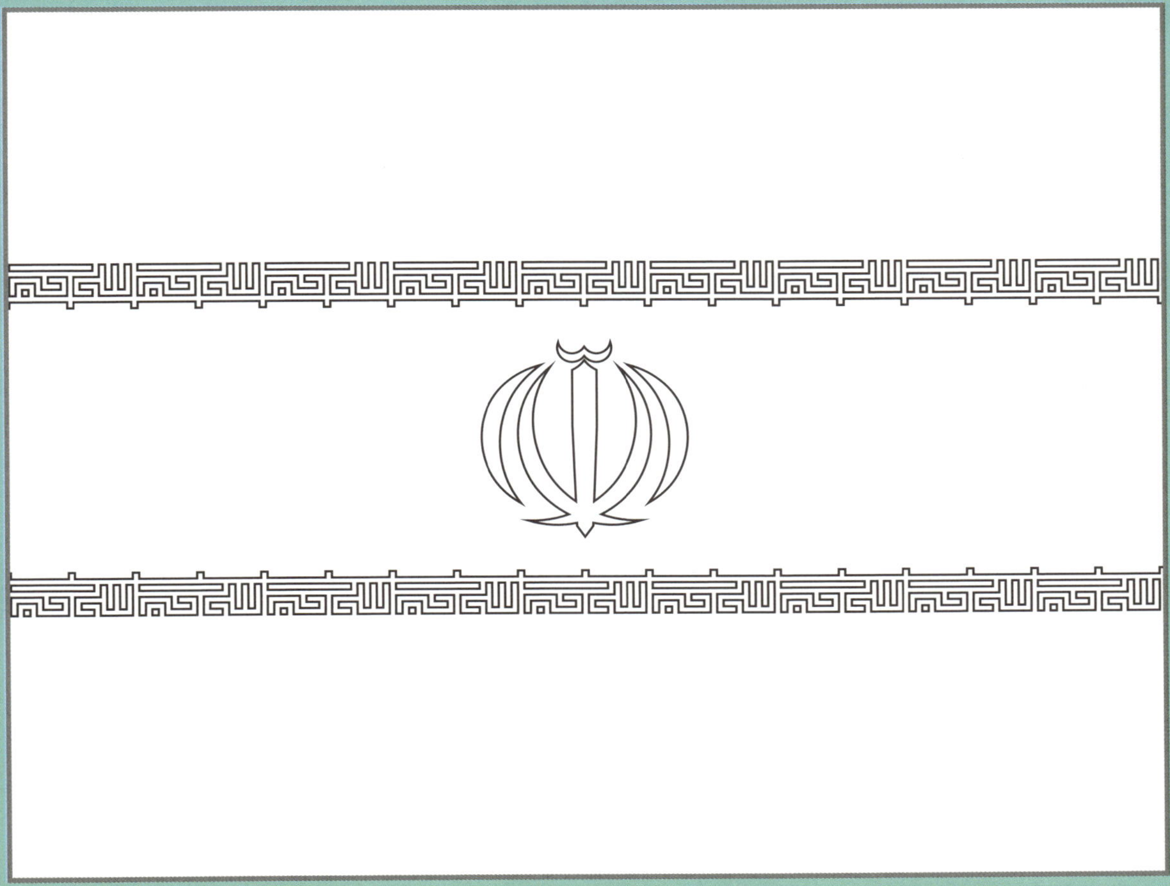

★ 나라별 국기를 색칠해 보세요.

테헤란의 상징 '아자디 타워'

1971년에 완공되었고
처음에는 '샤야드(Shayad)'로 불리었으나
1979년 이슬람 혁명 이후 '자유'를 뜻하는
'아자디(Azadi)'로 이름이 바뀌었어요. 높이는 45m예요.

11. 베트남 (베트남 사회주의 공화국)

수도	하노이	언어	베트남어 (공용어)
인구	9,646만 명	통화	동
면적	331,000㎢ (한반도의 1.5배)		
인사말	씬 짜오		

　베트남 국기는 황성주기라고도 하며, 1940년 베트남 혁명가에 의해 처음 사용하였어요. 국기 바탕의 노란별은 베트남 공산당의 지도력을, 붉은색은 사회주의 혁명을 나타내고 있어요.

　베트남은 제네바 협정에 따라 북베트남과 남베트남으로 나뉘었어요. 북베트남은 남베트남이 협정에 따른 공동 선거를 시행하지 않자 1955년 베트남 전쟁을 일으켰어요. 미국 등 여러 나라가 개입한 이 전쟁은 엄청난 파괴와 인명 손실을 남기고 1973년 휴전 협정으로 종전되었으나 전투는 계속되었고, 1975년 북베트남의 전면 공세 속에 4월 남베트남 정부가 항복하면서 종결되었어요. 1976년 7월 베트남은 베트남 사회주의 공화국으로 통일되었어요.

⭐ 나라별 국기를 색칠해 보세요.

베트남 하면 생각나는 음식은 아마도 베트남 쌀국수일 거예요. 베트남은 오래전부터 쌀을 이용한 다양한 음식 문화가 발달하였는데, 그중에서도 쌀국수가 유명해요. 우리나라에서도 베트남 쌀국수 가게가 많아져서 쉽게 먹어 볼 수 있어요.

베트남 쌀국수

12. 필리핀 (필리핀 공화국)

수도	메트로 마닐라	언어	필리핀어, 영어
인구	1억 877만 명	통화	페소
면적	300,400㎢ (한반도의 1.3배)		
인사말	마간당 우마가(아침), 마간당 하폰(오후), 마간당 가비(저녁)		

  필리핀 국기의 파란색은 이상, 붉은색은 용기, 하얀색은 자유, 평화, 평등을 상징하며, 세 개의 별은 필리핀의 주요 섬을 상징해요.
  삼각형 안의 노란 태양은 자유를 뜻하며, 태양의 여덟 갈래의 빛은 스페인의 계엄령에 최초로 대항한 8개의 주를, 세 개의 별은 필리핀의 커다란 세 지역인 루손섬, 비사야, 민다나오를 의미해요.
  이 국기는 1919년까지 11년 동안 미국 군정이 사용을 금지했어요.
  전쟁 시에는 국민의 용기를 상징하는 붉은색 부분이 상단으로 배열된 군기가 사용된다고 해요. 군기는 과거에 미국-필리핀 전쟁, 일본의 필리핀 침공 당시에 게양되었어요.

  필리핀은 풍부한 광물, 비옥한 토지 등 천연자원과 해양자원이 풍부한 국가이며 노동 인구의 40% 이상이 농업에 의존하는 경제 구조예요. 대표적인 작물로는 쌀, 옥수수, 바나나, 설탕과 사탕수수 등이 있으며 마(麻) 생산은 세계 최고예요.

아시아

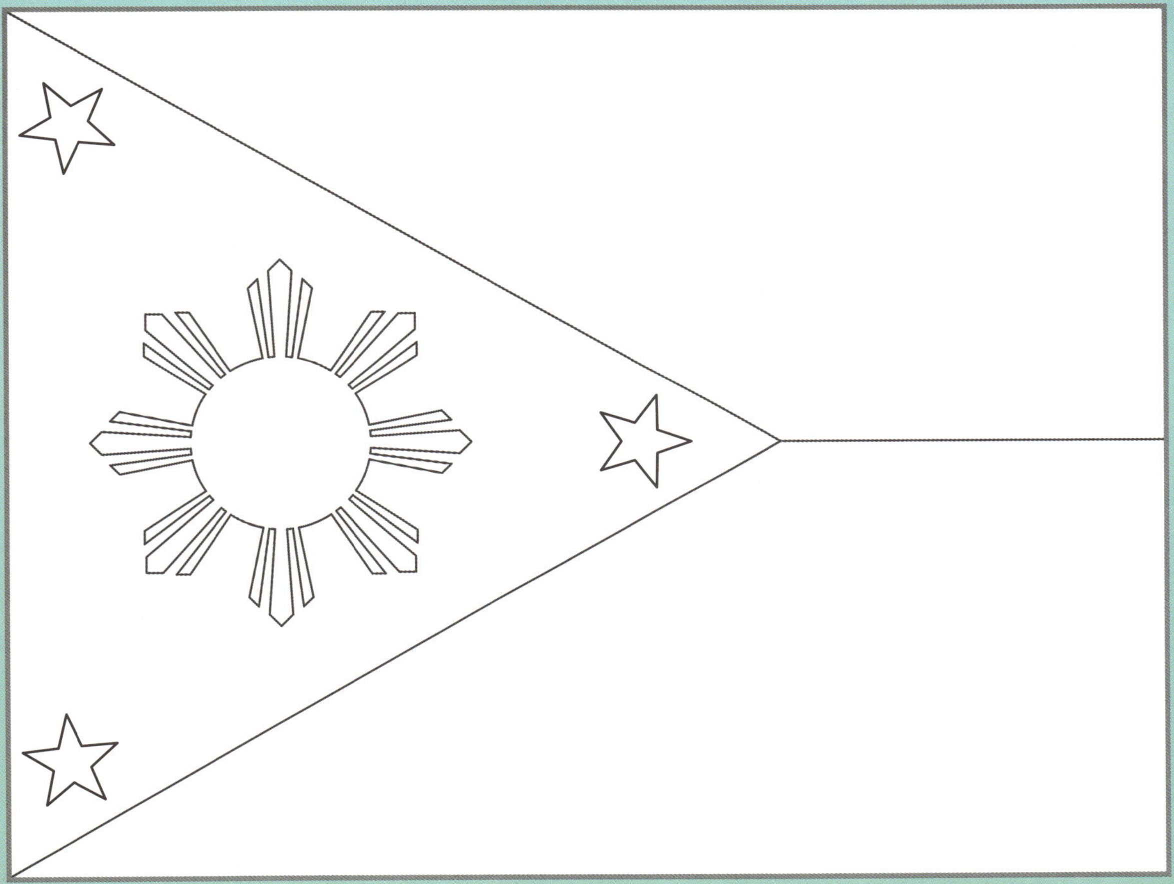

★ 나라별 국기를 색칠해 보세요.

바나우에

루손섬 북쪽에 있는 바나우에(Banaue)는
유네스코 세계 문화유산으로 등재되어 있으며,
엄청난 규모의 계단식 논으로 유명해진 곳이에요.
마닐라에서 340km 정도 떨어져 있어요.

13. 캄보디아 (캄보디아 왕국)

수도	프놈펜	언어	크메르어(90% 이상), 프랑스어, 영어, 중국어
인구	1,649만 명	통화	리엘
면적	181,035㎢ (남한의 약 1.8배)		
인사말	쭘립 쑤어		

캄보디아 국기 가운데 있는 하얀색 그림은 캄보디아의 대표 문화 유적인 앙코르 와트를 형상화한 것이고, 바탕에 쓰인 붉은색은 불의에 대한 투쟁과 강인한 캄보디아의 정신을, 파란색은 캄보디아의 농업과 환경을 상징해요.

캄보디아는 세계 최빈국에 속하고. 노동력의 4분의 3을 고용하고 있는 농업은 자급농업이 중심을 이루고 있어요. 주요 농산물은 쌀이고 주요 수출품은 고무예요.

2,000년 동안 캄보디아는 인도와 중국으로부터 영향을 흡수했으며, 그 흡수한 문명을 다른 동남아시아로 전파하는 역할을 했어요.

★ 나라별 국기를 색칠해 보세요.

앙코르 와트
신비의 사원 앙코르 와트는 1992년에
유네스코 세계 문화유산으로 등재되었어요.

14. 태국 (타이 왕국)

수도	방콕	언어	타이어(공용어), 중국, 말레이어
인구	6,963만 명	통화	바트
면적	513,000㎢ (한반도의 2.3배)		
인사말	싸왓디 크랍		

　태국 국기의 파란색 부분은 국왕을 의미하고, 하얀색은 불교를, 붉은색은 국민의 피를 나타내요. 즉, 태국을 구성하고 있는 국왕, 불교, 국민을 표현하며 불교를 정신적 바탕으로 하여 국민의 피로써, 국왕을 수호한다는 의미라고 해요.

　태국을 상징하는 동물로는 코끼리가 있어요. 한때 국기에 흰 코끼리를 사용한 적도 있다고 해요. 다만 이와 별개로 태국에서 코끼리는 멸종 위기에 놓여 있어 국가에서 보호를 하는 동물이라고 해요.

　무에타이는 태국의 전통 격투 스포츠로 1,000년 가량 이어진 전통 무술이에요. 타이 복싱으로 불리기도 해요. 타이의 고대 무술 무어이보란이 현대화된 것으로 알려져 있어요. 무에타이는 단단한 신체 부위를 사용하여 상대방을 때려 부수는 격투 방식이에요.

 나라별 국기를 색칠해 보세요.

치앙마이

태국 북부에서 가장 크고 문화적으로 중요한 도시이자 란나 타이(LanNa Thai) 왕국의 수도였던 곳이에요.

15. 스리랑카 (스리랑카 민주 사회주의 공화국)

수도	콜롬보(실질적 수도), 스리 자야와르데네푸라 코테(행정수도)		
인구	2,167만 명	통화	스리랑카 루피
면적	65,610㎢ (한반도의 1/3)	언어	싱할라어, 타밀어, 영어
인사말	아유 보완		

　스리랑카 국기의 바탕 노란색은 스리랑카 국민의 찬란한 문화와 나라의 영광을, 초록색은 무슬림과 무어족을, 주황색은 타밀족을 의미해요. 갈색은 스리랑카의 소수 민족인 유럽계 중산층을, 보리수 잎은 불교국을 상징하고, 칼을 가진 사자는 전 인구의 70%를 차지하며 주로 불교를 믿는 싱할리족(族)이 사자의 자손임을 나타내는 상징이에요.

　스리랑카는 인구의 약 70%가 불교를 믿고 있어요. 스리랑카 불교에서는 포살(선을 기르고 악을 없애는 수행법)이라는 의식을 매 보름마다 행하는데 포살일이 되면 승려는 계율을 어긴 게 있는지 확인하고 참회한답니다.

　스리랑카는 새해 첫날은 쉬지 않지만 보름달이 뜨는 모든 날이 공휴일(음력 15일)이에요. 즉, 보름마다 꼬박꼬박 공휴일(뽀야 데이)이 있는 거예요. 이는 불교 전통을 공휴일로 보장한 것이지요.

★ 나라별 국기를 색칠해 보세요.

스리랑카의 대표적인 국기는 배구지만 국제적으로 주목을 받은 적은 없고 대신 크리켓이 가장 인기가 많답니다. 1996년 크리켓 월드컵에서 우승했고, 2007년과 2011년엔 연속 준우승한 경력이 있을 정도이고, 2014 인천 아시안 게임에서 남자 크리켓 팀이 금메달을 받았어요.

크리켓

16. 네팔 (네팔 연방 민주공화국)

수도	카트만두	언어	네팔어
인구	2,913만 명	통화	네팔 루피
면적	147,181㎢ (한반도의 2/3)		
인사말	나마스테		

네팔 국기는 세계에서 유일하게 사각형 문양이 아닌 위아래 양쪽으로 2개의 삼각형을 포개어 놓은 형태의 국기예요. 테두리 선인 파란색은 하늘과 바다, 즉 세계를 상징하고 바탕색을 이루고 있는 짙은 붉은색은 네팔의 국화인 랄리구라스의 색을 상징한다고 해요.

붉은색 바탕에 상부 도안은 초승달, 하부 도안은 태양을 각각 의미하고, 국가가 길이 번영하라는 뜻이 있어요.

네팔에는 세계에서 가장 높은 에베레스트산이 있어요. 지구상에는 8,000m가 넘는 봉우리가 14개가 있는데, 이 중에서 8개가 네팔에 있어요.

네팔은 수도인 카트만두를 제외하면 개발이 잘 안 되어 자연 그대로 보존되어 있어요. 국립공원 근처로 가면 맑은 공기를 마실 수 있고, 다양한 생물들을 볼 수 있어요.

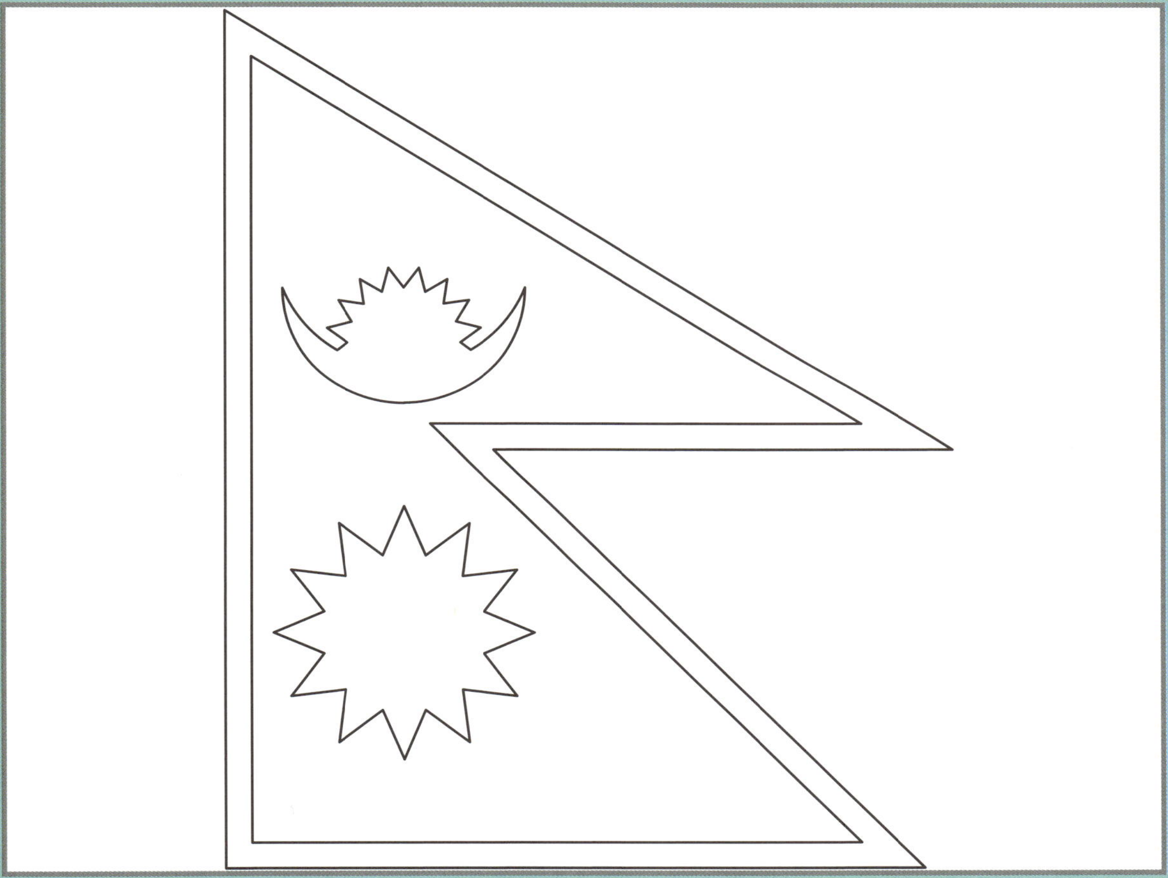

★ 나라별 국기를 색칠해 보세요.

에베레스트산

지구에서 가장 높은 산으로 높이 8,844m예요. 웅장한 크기와 높이 때문에 티베트어로는 '세계의 어머니(초모랑마)' 라 부른다고 해요.

17. 부탄 (부탄 왕국)

수도	팀푸	언어	종카어(공식어), 영어, 네팔어
인구	82만 명	통화	눌트럼
면적	38,394㎢ (한반도의 약 1/5)		
인사말	꾸주장 뽈라		

　부탄은 티베트어로 '용의 나라'를 의미해요.
　부탄 국기의 하얀색 용은 부탄의 상징이고 용이 발톱으로 붙잡고 있는 보석은 '부'를 의미해요. 하얀색은 충성과 순결에 대한 예찬을, 노란색은 왕의 권력을, 주황색은 불교를 의미해요.

　히말라야 산맥에 있는 남아시아의 작은 나라인 부탄 왕국은 영국의 보호령으로 있다가 1949년 8월 인도와 조약을 체결한 후 인도에 외교권을 위임하고 독립하였어요.
　부탄은 농업과 목축이 주산업이에요. 계곡 바닥의 평지를 이용해서 쌀·보리·수수 등을 재배해요. 주요 수출품은 목재·석탄·과일 등이 있어요.

　부탄 정부는 세계 최초의 금연 국가예요. 2004년 12월 17일 세계 최초의 흡연 금지 국가 금연법을 발표하고 실시했어요.

★ 나라별 국기를 색칠해 보세요.

파로 탁상 사원

높은 절벽에 있는 유명한 불교 성지예요.
부탄의 대표 관광지로 1692년에 만들어졌어요.

18. 싱가포르 (싱가포르 공화국)

수도	싱가포르	인구	570만 명
면적	718㎢ (서울의 약 1.2배)	통화	싱가포르 달러
언어	영어, 표준 중국어, 말레이어, 타밀어 및 기타 언어		
인사말	헬로		

싱가포르 국기에 있는 붉은색은 인류 전체에 대한 사랑을, 하얀색은 순결과 미덕을 의미하고 초승달은 새로운 나라로 발전하는 싱가포르를, 5개의 별은 민주주의, 평화, 정의, 진보, 평등을 의미해요.

싱가포르는 동남아시아에서 가장 작은 나라이며 1년 365일 여름 날씨이예요. 1963년 말레이시아의 연방의 일원이었으나 1965년에 독립하였어요.

싱가포르는 전 세계 여행객들이 최고로 여행하고 싶은 나라이기도 해요. 세계에서 가장 높은 수영장이 있는 마리나 베이 샌즈 호텔에서 펼쳐지는 환상적인 레이저쇼는 여행지로 꼭 추천하고 싶은 곳이기도 해요. 무엇보다 깨끗하고, 잘 정돈된 도시 환경과 편리한 교통, 늦은 밤에 돌아다녀도 괜찮을 만큼 치안이 안전하여 혼자 자유 여행 하기에도 좋아요.

아시아

★ 나라별 국기를 색칠해 보세요.

마리나 베이 샌즈 호텔
건물 3개 동의 최상층을 연결하여 만든 수영장
'인피니티 풀(Infinity Pool)' 이 유명해요.

19. 몽골 (몽골 인민 공화국)

수도	울란바토르	언어	몽골어
인구	329만 명	통화	투그릭
면적	1,564,000㎢ (한반도의 7.1배)		
인사말	세옹 베노		

　몽골 국기의 바탕에 있는 붉은색은 환희와 승리, 파란색은 국가에 대한 충성과 헌신, 노란색은 사랑과 우정을 상징해요. 노란색의 그림 같은 문양은 '소욤보'라는 아주 오래된 몽골 문자로, 몽골의 공식 문서에 많이 사용한다고 해요.

　몽골은 한 곳에 정착하지 않고 다른 장소로 이주하면서 생활하는 유목 민족 국가로, 칭기즈칸 같은 영웅의 탄생으로 유라시아(유럽과 아시아)대륙을 지배한 적도 있었어요.

　몽골인의 주된 종교는 티베트 불교인 라마교를 믿고, 농촌 주민들은 이동 가옥인 파오(원형 천막)에서 생활하고 있어요. 주민들은 주로 양고기와 마유(말의 젖)를 먹는다고 해요.

★ 나라별 국기를 색칠해 보세요.

게르(Ger)

높이 1.2m의 원통형 벽과 둥근 지붕으로 되어 있고,
이동할 때 쉽게 분해·조립할 수 있어요.

20. 쿠웨이트 (쿠웨이트국)

수도	쿠웨이트	언어	아랍어 (영어 통용)
인구	471만 명	통화	쿠웨이트 디나르
면적	17,818㎢ (대한민국 경상북도 크기)		
인사말	앗살라무 알라이쿰		

쿠웨이트 국기는 1962년에 제정되었고 초록색은 번영, 흰색은 순결, 붉은색은 용기, 검은색은 전쟁터의 흙먼지를 나타낸다고 해요.

쿠웨이트는 1961년에 영국으로부터 독립을 하였는데 이후 1990년 걸프 전쟁 때 이라크에 점령되었다가 1991년에 주권을 되찾았어요. 쿠웨이트 북쪽에 이라크가 있어서 미국 군대가 주둔하고 대한민국의 군대도 주둔하고 있답니다.

쿠웨이트는 석유 자원을 바탕으로 근대화가 빠르게 이루어진 나라예요.
국민 대다수가 이슬람교를 믿어서 술과 돼지고기를 먹지 않아요. 또한 쿠웨이트인들은 자기 집으로 초대한 손님에게 차를 대접하는 것이 일반적인데, 만약에 손님이 차 대접을 거절하면 자기를 무시한다고 생각하니 그 점을 알아두면 좋을 것 같네요.

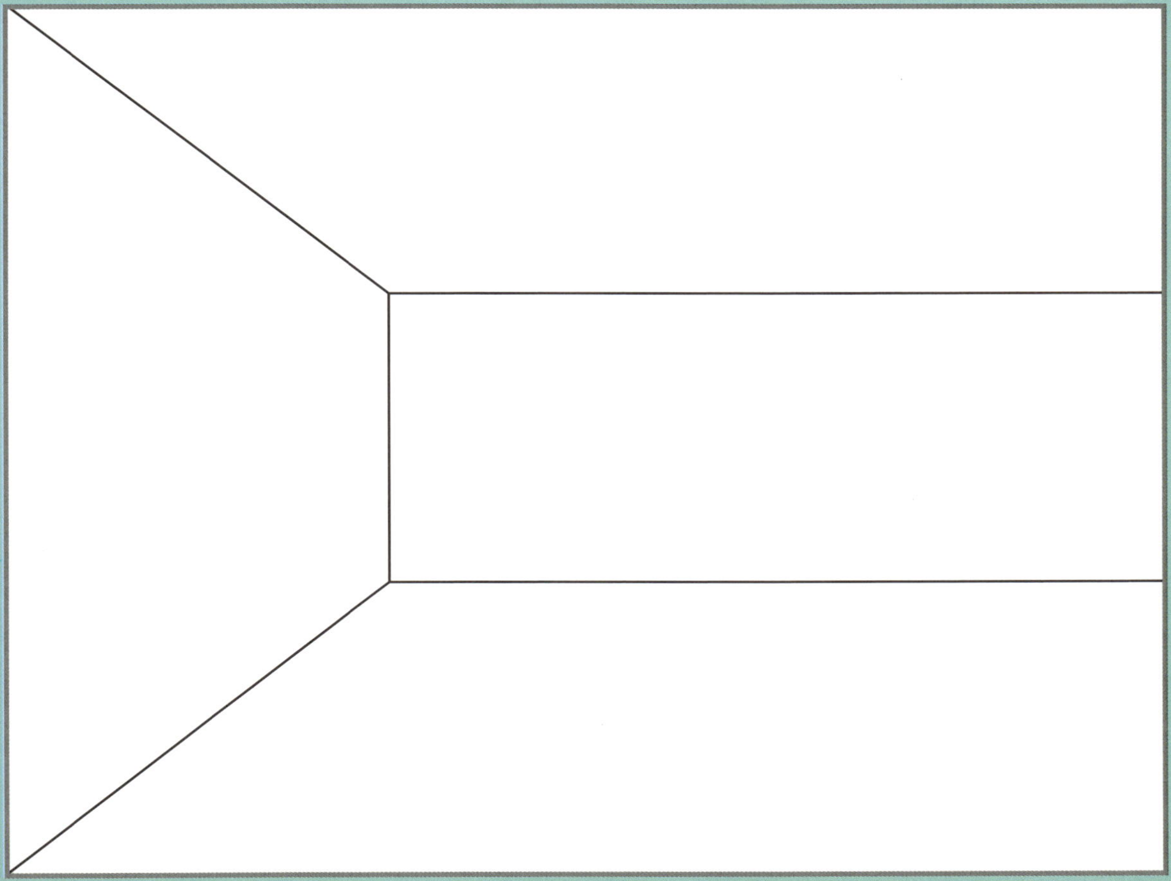

★ 나라별 국기를 색칠해 보세요.

쿠웨이트 타워
3개의 탑으로 이루어진 타워로
가장 큰 타워는 187m 높이이고, 음식을 먹을 수 있는
회전 전망대(공 모양)와 물을 저장할 수 타워가 있어요.
쿠웨이트시에 전기 공급도 해요.

모두의 국기
유럽

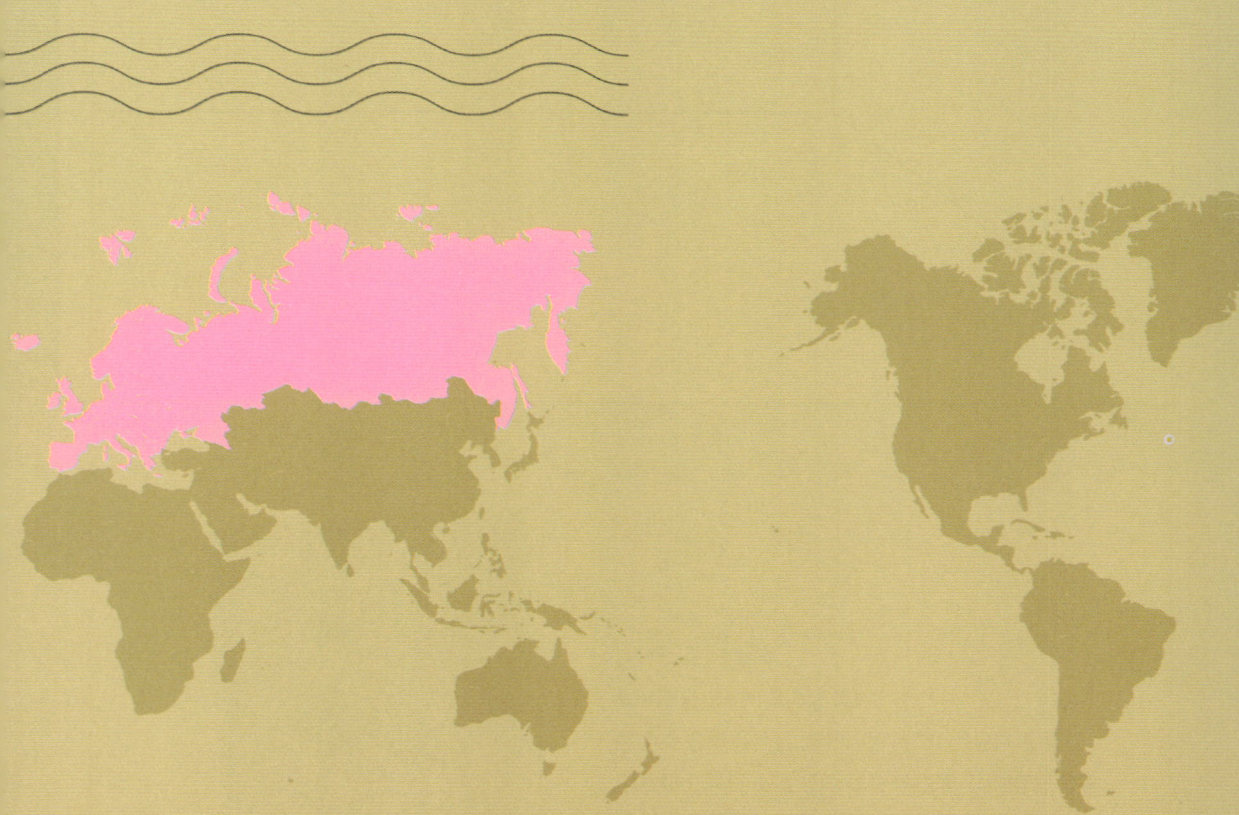

목차

21. 그리스 ··· 50
22. 스위스 ··· 52
23. 네덜란드 ··· 54
24. 프랑스 ··· 56
25. 이탈리아 ··· 58
26. 독일 ··· 60
27. 영국 ··· 62
28. 모나코 ··· 64
29. 핀란드 ··· 66
30. 스웨덴 ··· 68
31. 불가리아 ··· 70
32. 스페인 ··· 72
33. 오스트리아 ··· 74
34. 러시아 ··· 76
35. 루마니아 ··· 78
36. 튀르키예 ··· 80
    (예전 국호 : 터키)
37. 이스라엘 ··· 82
38. 덴마크 ··· 84
39. 노르웨이 ··· 86
40. 폴란드 ··· 88

21. 그리스 (그리스 공화국)

수도	아테네	언어	그리스어
인구	1,061만 명	통화	유로
면적	131,957㎢ (한반도의 2/3)		
인사말	칼리메라		

그리스 국기의 바탕색인 파란색은 그리스의 바다와 하늘을 나타내고 십자가는 그리스도교인 그리스의 독립을 상징해요. 9개의 줄은 1821년 시작된 독립전쟁 때 '자유냐 죽음이냐'라는 그리스어의 아홉 음절을 나타내며, 독립전쟁이 9년 동안 계속되었다는 의미라고도 해요.

그리스는 4년마다 한 번씩 열리는 올림픽이 처음 열린 곳으로, 오랜 스포츠의 전통을 지닌 나라예요. 그리스 수도인 아테네는 고대 올림픽 개최 장소로 널리 알려져 있으며 올림픽 성화 불을 붙이는 장소이기도 해요. 이 때문에 올림픽 개막식의 선수단 입장 과정에서는 그리스 선수단이 가장 먼저 입장하며 올림픽 폐막식에서는 그리스의 국기 게양과 함께 그리스의 국가가 연주된다고 해요.

그리스는 올리브 재배가 발달해서 요리뿐 아니라 비누나 화장품으로도 만들어 포도 등과 함께 세계 각국에 수출하며 해운업도 크게 발달하였어요.

★ 나라별 국기를 색칠해 보세요.

유네스코 세계 문화유산인 올림피아 유적과 파르테논 신전은 그리스의 유명한 관광지라고 해요.

파르테논 신전

22. 스위스 (스위스 연방)

수도	베른	인구	854만 명
면적	41,285㎢ (한반도의 약 1/5)	통화	스위스 프랑
언어	독일어(63%), 불어(23%), 이탈리아어(8%), 로망슈어(0.5%), 기타(5.5%)		
인사말	구텐 탁		

　스위스 국기 바탕에 있는 붉은색은 그리스도의 피를, 하얀색 십자가는 그리스도의 십자가를 상징해요.

　스위스는 오래전부터 영세 중립국을 표방하고 있으며, 스위스의 중립 정책에 따라서 많은 국제기구가 본부를 스위스에 두고 있어요. 또한 국제 적십자를 창설한 나라이기도 해요. 적십자는 전쟁 시에 다치거나 병든 사람 등의 구호를 목적으로 설립된 인도적 기구에서 오늘날에는 포로·민간인의 보호, 건강증진·질병 예방·재해구제 등의 사업도 하고 있어요.

　스위스는 국토의 대부분이 산지로서, 동서로 뻗은 알프스산맥이 유명해요. 알프스의 아름다운 경관을 찾는 관광객들이 많지요. 또 스위스는 세계 금융과 은행의 중심지로 높은 국민 소득을 자랑해요.

★ 나라별 국기를 색칠해 보세요.

특히 시계 제조 기술이 세계적으로 매우 유명하고 고가의 시계도 많다고 해요.

알프스산맥

유럽의 중남부에 있는 산맥으로 여러 나라에 걸쳐 있으며 스위스는 국토 대부분이 알프스 산맥으로 이루어져 있어요.

23. 네덜란드 (네덜란드 왕국)

수도	암스테르담	언어	네덜란드어
인구	1,720만 명	통화	유로
면적	41,543㎢ (한반도의 약 1/5)		
인사말	호이		

　네덜란드 국기는 붉은색, 하얀색, 파란색 삼색기예요. 세계 최초의 가로 삼색기라고 해요.
　붉은색은 용기를, 하얀색은 신앙을, 파란색은 충성심을 나타내요. 국기를 세로로 세우면 프랑스 국기와 똑같아지지요. 옛날에는 붉은색 부분이 주황색이었어요.

　네덜란드의 국토 면적은 우리나라의 면적보다 작지만 오히려 농지 면적이 넓고 농·수산업, 낙농업이 발달한 농업 국가입니다. 세계 최대의 꽃 수출 국가인 네덜란드는 튤립 하면 떠오르는 나라이기도 하지요.

　조선 시대에 표류했던 하멜이 쓴 「하멜 표류기」에 의해 우리나라를 유럽에 최초로 알려지게 한 나라이기도 해요.

★ 나라별 국기를 색칠해 보세요.

네덜란드는 대부분의 국토가 바다 수면보다 낮아 물을 퍼내기 위한 용도로 풍차를 지었는데, 지금은 풍차가 네덜란드의 상징처럼 되었답니다.

풍차

24. 프랑스 (프랑스 공화국)

수도	파리	언어	프랑스어
인구	6,690만 명	통화	유로
면적	675,417㎢ (속령 포함 / 한반도의 3.1배)		
인사말	봉쥬르		

프랑스의 국기는 파란색이 자유, 흰색이 평등, 붉은색이 박애의 의미를 담고 있어요.

1789년 프랑스 혁명 당시 국민군 총사령관으로 임명된 라파예트가 시민에게 나누어 준 모자의 색깔에서 유래되었어요.

프랑스의 수도 파리는 예술 활동이 활발한 곳으로 유명하며, 전국에 풍부한 문화유산과 아름다운 경관들이 많아 세계적인 관광지로 알려져있어요. 포도 재배도 발달해서 와인은 프랑스의 대표 생산품 중 하나예요.

개선문
나폴레옹이 전쟁 승리를 기념해 세운 문으로 1836년에 완공되었어요. 높이가 50m, 폭이 약 45m이며 파리에 있어요.

나라별 국기를 색칠해 보세요.

에펠탑
1889년에 건축된 높이 324m의 철탑으로 파리의 대표적인 건축물이에요.

25. 이탈리아 (이탈리아 공화국)

수도	로마	언어	이탈리아어
인구	6,048만 명	통화	유로
면적	302,072㎢ (한반도의 약 1.4배)		
인사말	부온 죠르노(아침,낮), 부오나 세라(밤)		

　이탈리아 국기는 프랑스 혁명 당시 쓰였던 삼색기의 영향을 받아 1848년에 처음 만들어졌어요. 현재의 국기는 1946년에 제정되었고, 바탕색의 초록색은 희망을, 하얀색은 신뢰를, 붉은색은 사랑을 의미해요.

　이탈리아는 세계에서 손꼽을 정도로 관광객들이 많이 찾는 국가예요. 매년 수천만 명의 관광객들이 이탈리아를 찾고 있고, 이탈리아 전체 인구의 4.8%가 관광업에 종사를 해요.

　이탈리아가 이처럼 관광업이 발달할 수 있었던 이유는 고대 로마 시대부터 전해져 내려오는 문화재가 많고 자연 경치가 아름답기 때문이에요. 이탈리아는 유네스코 세계 문화유산을 세계에서 가장 많이 보유하고 있어요.

★ 나라별 국기를 색칠해 보세요.

국민 대다수가 가톨릭을 믿고 이탈리아 대표적인 음식인 피자와 파스타는 세계에서 사랑받는 음식 중 하나에요.

피렌체 대성당

26. 독일 (독일 연방 공화국)

수도	베를린	언어	독일어
인구	8,316만 명	통화	유로
면적	357,580㎢ (한반도의 1.6배)		
인사말	구텐 모르겐(아침), 구텐 탁(점심), 구텐 아벤트(저녁)		

독일 국기의 공식 명칭은 '연방기'라고도 하며 국기 바탕의 검은색은 슬픔과 분노를, 붉은색은 자유를 동경하는 정신을, 노란색은 진리의 상징을 의미해요.

제2차 세계 대전을 일으켰던 독일은 연합군에 의해 동·서독으로 분리되었다가 1990년 10월 동독이 독일 연방 공화국, 즉 서독에 흡수 통일되었어요.

독일은 날씨가 변덕스럽고 겨울이 길어요. 자원도 석탄을 제외하고는 거의 없는 형편이어서 대부분 수입에 의존하고 있어요. 그러다 보니 독일에서는 우수한 자원을 바탕으로 제철, 기계 제조업 같은 분야를 발전시킬 수밖에 없었어요. 그래서 여러 공업이 크게 발전하였는데 그중에서 자동차는 세계적으로 높은 판매를 기록하고 있답니다.

독일 사람들은 토양에서 나오는 물이 빨래나 목욕용으로는 사용할 수 있어도

★ 나라별 국기를 색칠해 보세요.

마시는 용도로는 적합하지 않아서 물 대신 맥주를 즐겨 마시게 되었어요. 그래서 독일은 세계에서 맥주를 가장 많이 소비하는 나라가 되었답니다.

옥토버페스트
세계 3대 축제 중에 하나. 매년 9월 말부터 10월 초까지 열리는 민속 축제이자 맥주 축제예요.

27. 영국 (그레이트브리튼과 북아일랜드 연합 왕국)

수도	런던	언어	영어
인구	6,048만 명	통화	스털링 파운드
면적	243,610㎢ (한반도의 1.1배)		
인사말	헬로		

영국의 국기는 '유니언 잭'이라고 불리며 '합쳐진 국기'라는 의미가 있어요.
영국을 구성하는 네 개의 지역(잉글랜드, 스코틀랜드, 웨일스, 북아일랜드)의 깃발 중 웨일스를 제외한 3개 지역의 깃발 문양을 조합하여 만든 국기랍니다.

영국은 바다로 둘러싸인 섬나라로, 멕시코 만류가 가져오는 따뜻하고 습한 공기가 차가운 북극 해류와 만나 엄청난 안개를 만들어요. 예로부터 날씨가 흐리고, 세계적으로도 안개가 많은 나라로 유명해요. 영국 남자들이 전통적으로 중절모를 썼던 이유도 안개 때문에 머리가 젖는 것을 막기 위해서였어요.

영국에서 가장 대중적인 스포츠는 축구예요. 영국은 FIFA로부터 축구의 종주국으로 인정받았으며, 영국의 프리미어 리그는 세계에서 가장 사람들이 많이 시청하는 축구 리그이기도 해요.

★ 나라별 국기를 색칠해 보세요.

버킹엄 궁전
국빈을 맞이하는 공식적인 장소이며
영국 왕실의 상징입니다.

28. 모나코 (모나코 공국)

수도	모나코	언어	프랑스어, 영어, 이탈리아어
인구	3만 8,000명	통화	유로
면적	2㎢ (바티칸시국 이어 세계에서 두 번째로 작은 국가)		
인사말	봉주르		

　모나코의 국기는 1881년 제정되었어요. 붉은색과 하얀색은 그리말디 왕조를 상징하는 색으로, 1339년에 처음 사용되었어요. 모나코 국기는 인도네시아 국기와 크기만 약간 다를 뿐 거의 비슷해요.

　1년 내내 비가 거의 오지 않는 맑고 따뜻한 나라인 모나코는 국민들이 세금을 내지 않아도 나라를 운영하는 데 아무런 지장이 없어요. 그만큼 관광 수입이 많은 나라이고 해마다 수많은 부자들과 유명 인사들이 찾아와 관광과 쇼핑으로 어마어마한 돈을 쓰고 간답니다.

　모나코에서 매년 열리는 세계 최고의 자동차 경주대회 F-1 경기는 월드컵 축구만큼이나 전 세계 사람들에게 인기가 많은 스포츠로, 자동차 경주 전용 트랙에서 열리는 게 아니라 일반 도로에서 펼쳐지는 게 특이해요.

★ 나라별 국기를 색칠해 보세요.

아름다운 모나코 항구

29. 핀란드 (핀란드 공화국)

수도	헬싱키	언어	핀란드어, 스웨덴어
인구	554만 명	통화	유로
면적	338,424㎢ (한반도의 약 1.5배)		
인사말	휘바아 후오멘따(아침), 휘바아 빠이바(점심), 휘바아 일따(저녁), 헤이(안녕)		

　핀란드 국기는 1918년에 공식 채택되었어요. 하얀색은 겨울의 하얀 눈, 파란색은 핀란드의 호수를, 십자가 문양은 스칸디나비아의 일원임을 상징해요.

　핀란드는 유럽의 동쪽 끝에 위치하고 있는 나라로, 스웨덴의 지배를 받다 1917년에 독립을 선언했어요. 호수와 섬이 많고 국토의 75%가 산림이어서 산림 자원 외에는 다른 자원이 풍부하지 않고 독립의 역사도 짧아 국가 경쟁력을 높이기 위해 교육 정책에 힘을 쓰고 있어요.

　산타클로스의 고향인 핀란드는 다양한 축제 행사가 많아요. 또 혹독한 겨울 추위를 견디기 위해 전통적으로 사우나 즐기는데 사우나가 생활의 일부라 생각해서 개인 주택의 경우 반드시 사우나실을 먼저 짓고, 아파트 경우는 공동 사우나 시설을 짓는다고 해요.

★ 나라별 국기를 색칠해 보세요.

사우나와 호수의 나라로 잘 알려진 나라이며, 부패가 없는 나라로도 유명하답니다.

사우나

67

30. 스웨덴 (스웨덴왕국)

수도	스톡홀름	언어	스웨덴어
인구	1,020만 명	통화	스웨덴 크로나
면적	449,964㎢ (한반도의 약 2배)		
인사말	굿 모론(아침), 굿 다그(점심), 굿 아프톤(저녁)		

스웨덴 국기는 1906년에 제정되었고 파란색 바탕에 노란색 스칸디나비아 십자가가 그려져 있는 형태예요. 스웨덴 국왕이 핀란드를 공격하기 전에 노란색 십자가가 나타났다는 전설이 있어요.

스웨덴은 질병·장애·노령·실업·사망 등 각종 사회적 위험으로부터 모든 국민을 보호하고 빈곤을 해소하며 국민생활의 질을 향상시키기 위하여 제공되는 사회보장제도가 세계에서 가장 모범이 될 만큼 잘 갖추어진 나라예요.

국토의 절반 이상이 삼림 지대이며 목재 산업이 활발해요. 북유럽의 제1의 광공업국으로 철광석의 생산이 세계 10위 안에 들지요. 또 자동차, 기계, 철강 공업이 발달하였어요.

스웨덴 출신의 팝그룹 아바(ABBA)는 역사의 획을 긋는 그룹이에요. 뮤지컬 '맘마이아'는 아바의 곡들로 이루어져 있지요.

★ 나라별 국기를 색칠해 보세요.

알프레드 노벨
스웨덴의 과학자이며, 고체 폭탄인
다이너마이트를 발명하였어요.
노벨의 유언에 따라 노벨상이 제정되었어요.

31. 불가리아 (불가리아 공화국)

수도	소피아	언어	불가리아어
인구	695만 명	통화	레바
면적	110,000㎢ (한반도의 약 1/2)		
인사말	즈드라베이		

불가리아 국기 바탕의 하얀색은 평화와 자유를 초록색은 농업을, 붉은색은 애국심과 인내를 상징한다고 해요.

7세기 말 튀르키예족의 일계인 불가스족이 볼가불가스왕국을 건설했어요. 하지만 동유럽 진출 통로라는 지정학적 요인으로 인해 1396년부터 500년간 오스만 투르크의 식민 지배를 받다가 1878년 자치 공화국이 되었고, 1908년 불가리아 왕국으로 독립했어요.

요구르트를 많이 먹는 장수의 나라로 잘 알려져 있고 동유럽 국가 중에 경제 성장이 늦은 편이어서 물자 부족으로 여러 가지 어려움을 겪고 있어요.

★ 나라별 국기를 색칠해 보세요.

불가리아 전통 요구르트
다이어트에 탁월하며, 치료제로도 효과가 높은 불가리아 요구르트는 몇 시간 동안 발효시키기 때문에 지방 함유량이 풍부해져 부드럽고 깊은 맛을 즐길 수 있어요.

32. 스페인 (스페인 왕국)

수도	마드리드	통화	유로
인구	4,933만 명	면적	505,370㎢ (한반도의 약2.3배)
언어	스페인어, 카탈루냐어, 바스크어, 갈라시아어, 아란어		
인사말	부에노스 디아스(아침), 부에노스 따르데스(점심), 부에나스 노체스(저녁), 올라(안녕)		

    스페인의 국기는 1785년에 제정되었어요. 바탕의 노란색은 국토를, 붉은색은 국토를 지킨 피를 의미해요. 노란 바탕 위의 문장은 옛날 에스파냐에 있었던 다섯 왕국의 문장을 조합한 것이에요.

    남유럽의 이베리아반도와 북아프리카에 위치한 스페인은 한때는 1588년 영국에 전쟁을 패하기 전까지 무적함대로 대표되는 강력한 해양 국가로 전 세계에 넓은 식민지를 둔 대제국이었어요. 그래서 라틴 아메리카라고 불리는 남미·중미·카리브해 국가·멕시코와 일부 남부 미국 지역, 필리핀, 북서 아프리카 등에 언어를 비롯하여 문화적으로 영향을 많이 끼쳤어요.

    스페인은 민속 행사인 투우로 유명하고 전통문화를 보존하여 많은 관광객이 찾는 세계적인 관광지가 많아요. 스페인의 건축 양식은 여러 민족과 문화가 융합되어 있어요. 과거 로마 시대와 아랍인의 지배 때부터 내려온 건축의 특색과 현대적

★ 나라별 국기를 색칠해 보세요.

인 발상이 조화를 이룬 것으로 볼 수 있어요.

투우
사람이 사나운 소를 상대로 싸우는 투기

33. 오스트리아 (오스트리아 공화국)

수도	빈	언어	독일어
인구	870만 명	통화	유로
면적	83,879㎢ (한반도의 약 2/5)		
인사말	구텐 탁		

　오스트리아 국기는 바탕에 위로부터 붉은색·하얀색·붉은색이 배치되었어요. 십자군 원정 때 레오폴드 헤르덴 공작이 적군의 피를 뒤집어써 갑옷 위에 걸친 흰 겉옷이 벨트 부분을 남기고 빨갛게 물들었다는 전설에서 유래되었다고 해요.

　오스트리아는 역사적으로 서유럽에서 가장 부유한 국가였으며 세계 대전 이후 피폐해진 경제가 유럽 부흥 계획에 힘입어 1980년대까지 급속히 발전하였어요. 지금도 세계에서 가장 부유한 국가 중 하나로 수준 높은 복지를 하는 나라이며 수도 빈은 수년 연속 세계에서 가장 살기 좋은 도시로 선정되기도 했고 음악의 도시로도 유명하답니다.

　모차르트, 요한 슈트라우스, 하이든 등 우리가 아는 거의 모든 고전 음악가들의 주 활동 무대였던 음악의 나라이고, 문화, 회화, 건축 분야에서도 뛰어난 인물들이 많아요.

★ 나라별 국기를 색칠해 보세요.

하이든
교향곡의 아버지로 불리며, 100곡 이상의 교향곡, 70곡에 가까운 현악 4중주곡 등으로 고전파 기악곡의 전형을 만들었어요.

모차르트
잘츠부르크에서 태어난 천재형 작곡가였으나 36년의 짧은 생애를 빈에서 마쳤어요.

34. 러시아 (러시아 연방)

수도	모스크바	언어	러시아어
인구	1억 4,890만 명	통화	루블
면적	17,080,000㎢ (한반도의 78배)		
인사말	즈드라스뜨부이쩨		

러시아의 국기는 네덜란드 국기를 본떠 만든 것으로 바탕의 하얀색은 고귀함과 진실을, 파란색은 정직·충성을, 붉은색은 용기와 자기희생을 각각 의미해요.

극동에서 동부 유럽의 유라시아 대륙에 걸쳐 있는 세계에서 가장 큰 국토를 가진 나라이며, 1917년 러시아 혁명이 일어날 때까지 대제국을 이루다 1922년 소비에트 사회주의 공화국 연방으로 거듭났어요. 그러나 각 공화국들의 이해 충돌이 일어나면서 1991년 소련이 해체되고 독립 국가가 되었어요.

러시아는 '잠재적인 초강대국'이라고 불려요. 또한 시베리아에 묻혀 있는 광대한 천연자원을 활용하여 세계적인 산유국, 천연가스 생산국이기도 해요. 넓은 땅만큼이나 여러 풍부한 자원을 가지고 있으나 국토의 절반이 숲에 덮여 있으며, 얼어붙은 동토가 대부분이기 때문에 전체 인구의 5분의 4가 유럽과 인접해 있는 서부 지방에 몰려 살아가고 있어요.

★ 나라별 국기를 색칠해 보세요.

유네스코에 등재된 문화유산이 많은 국가 중 하나이기도 해요.

크렘린 궁전과 붉은 광장
모스크바 중심에 있는 크렘린과 붉은 광장은 거대한 제국 러시아를 상징하는 장소라고 해요.

35. 루마니아

수도	부쿠레슈티	언어	루마니아어, 헝가리어
인구	1,936만 명	통화	루마니아 레이
면적	238,397㎢ (한반도의 1.1배)		
인사말	부너 디미네아쳐(아침), 부너 지우와(점심), 부너 세아라(저녁), 샬루트(친한 사이)		

루마니아 국기는 프랑스 국기의 영향을 받아 1848년 처음 만들어졌으며 바탕의 파란색은 자유, 노란색은 풍요, 붉은색은 애국지사의 희생을 의미해요.

루마니아는 동유럽과 남유럽에 걸쳐 위치한 나라로 오스만 투르크의 지배를 받다가 1881년 독립하여 루마니아 왕국을 세웠어요. 이후 소련의 영향으로 사회주의 공화국이 되었지만 1989년 12월 전국적으로 민주화 운동이 일어났고 1990년 1월 루마니아는 민주주의 국가가 되었어요.

루마니아의 포도 재배와 와인 생산은 세계적으로 우수해요. 하지만 이로 인해 외부로부터 지속적인 침략을 받기도 했어요. 아울러 축구, 체조 등의 스포츠와 서커스가 발달한 나라이기도 해요.

★ 나라별 국기를 색칠해 보세요.

드라큘라 백작의 고향인 루마니아

36. 튀르키예 (튀르키예 공화국)
예전 국호 : 터키

수도	앙카라	언어	튀르키예어
인구	8,315만 명	통화	튀르키예 리라
면적	779,452㎢ (한반도의 약 3.5배)		
인사말	메르하바		

튀르키예의 국기는 '달과 별'이라는 뜻의 '월성기'라고 불러요. 비잔티움 군대가 성벽 밑으로 침입했을 때 초승달 빛으로 이를 발견하여 나라를 구했다는 의미가 담겨 있어요.

오늘날의 튀르키예 영토 거의 대부분을 이루는 아나톨리아 반도는 아시아와 유럽이 상호 교류하는 장소예요. 이 때문에 튀르키예는 동양과 서양의 문명이 만나 빚어 낸 조화로움을 가진 나라라고 해요. 지구상에서 매우 오래전부터 인류가 거주하던 땅이었어요.

튀르키예는 역사적으로 우리나라와 인연이 많아 형제의 나라라고도 불러요. 튀르키예인의 조상은 옛 고조선 시대부터 우리 이웃에 살던 민족이며, 우리나라와 동맹을 맺어 중국의 한나라, 수나라, 당나라의 침입에 대항하기도 했어요.

1950년, 튀르키예는 6·25 전쟁으로 다시 우리나라와의 인연이 이어져 연합군으로 군대를 파견하여 우리나라를 도와주었어요. 이 전쟁에서 많은 튀르키예 군인

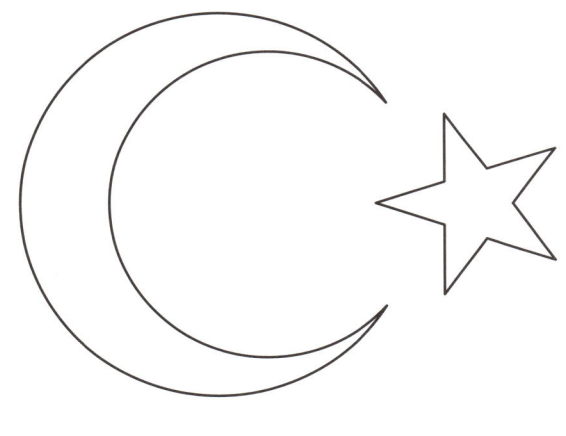

★ 나라별 국기를 색칠해 보세요.

들이 목숨을 잃거나 다쳤어요. 이로 인해 튀르키예인들은 지금도 우리나라를 매우 친하게 생각하여 피로 맺어진 형제라고 부르지요.

튀르키예 대표 건축물 아야 소피아
이스탄불에 위치하고 있으며 그리스도교의 대성당으로 지어졌어요.

37. 이스라엘

수도	예루살렘 (국제법상: 텔아비브)	언어	히브리어, 아랍어
인구	905만 명	통화	셰켈
면적	20,325㎢ (한반도의 1/10배)		
인사말	샬롬		

이스라엘 국기의 바탕에 하얀색과 파란색은 유대교에서 기도할 때 어깨에 덮는 탈릿의 문양을 나타내요. 정삼각형과 역삼각형을 합친 문양은 '다윗의 방패'의 뜻을 의미해요.

이스라엘은 역사가 매우 오래된 나라이지만 로마 제국에 정복당해 멸망하고, 나라를 잃은 유대인은 결국 뿔뿔이 흩어져 세계 각지에서 살 수밖에 없었어요.

이후 다시 살던 땅으로 돌아와 1948년 이스라엘은 드디어 독립을 선언했지만, 그때부터 중동 전쟁이 시작되었어요.

이스라엘은 인접 아랍 국가들과 팔레스타인과의 잦은 분쟁을 겪고 있어요. 이 때문에 징병제를 채택하여 남자와 여자 모두 병역 의무를 지고 있어요. 예루살렘은 기독교와 이슬람교의 성지로 세계 3대 종교의 성지 순례객이 많이 찾아오고 있어요.

유럽

 나라별 국기를 색칠해 보세요.

예루살렘

유대교, 기독교, 이슬람교의 성지인 예루살렘은 히브리어로 '평화의 마을'을 뜻한다고 해요.

38. 덴마크 (덴마크 왕국)

수도	코펜하겐	언어	덴마크어
인구	580만 명	통화	덴마크 크로네
면적	42,934㎢ (한반도의 약 1/5)		
인사말	헤이		

　덴마크 국기는 '덴마크의 힘'이라는 뜻의 '단네브로그라'는 이름으로 불러요. 현존하는 가장 오래 사용된 국기로, 에스토니아와의 전투에서 고전을 겪고 있을 때 하늘에서 붉은 바탕의 하얀 십자가 깃발이 내려와 승리했다는 전설에서 유래된 국기라고 해요.

　덴마크는 동화의 아버지 안데르센의 나라이기도 해요.
　오덴세(Odense)에는 안데르센 박물관도 있어요. 안데르센의 유품을 모아 박물관으로 개관하였어요.
　전시실에는 안데르센의 자필 원고와 편지, 사용했던 책상 등의 유품이 전시되어 있고, 세계 각국의 언어로 출판된 6,000여 권의 안데르센 동화집이 있어요. 당연히 한국어 번역본도 있답니다.

　덴마크를 대표하는 레고는 '잘 놀다'라는 뜻이에요. 레고랜드는 덴마크의 레고를

★ 나라별 국기를 색칠해 보세요.

대표하는 놀이공원으로, 특히 어린이를 동반한 가족 여행자라면 여기만 한 곳은 없어요. 놀이와 교육을 겸한 시설로 설계·건설되었어요.

레고랜드

39. 노르웨이 (노르웨이 왕국)

수도	오슬로	언어	노르웨이어
인구	547만 명	통화	노르웨이 크로네
면적	386,958㎢ (한반도의 1.7배)		
인사말	헤이		

　노르웨이 국기는 덴마크 국기 바탕에 파란색 십자가를 겹쳐 그린 형태예요. 노르웨이는 14세기 말부터 1814년까지 덴마크의 지배를 받았는데 그 영향을 받아 제작된 거예요.

　노르웨이 대표 축제인 바이킹 축제는 유럽 각지에 흩어져 살고 있던 바이킹의 후예들이 노르웨이 서쪽 해안의 섬 카르뫼이의 부퀘이에 모여 바이킹 선조들의 전통을 체험하는 것에서 유래되었어요.
　노르웨이 사람들은 축제를 통해 바이킹의 개척 정신과 용맹성을 기념하며 다양한 볼거리를 즐기지요.

　노르웨이의 탐험가로 잘 알려진 로알 아문센은 1911년 인류사상 최초로 남극점 도착하는 데 성공하였어요. 그 외 아문센은 탐험선을 타고 북서항로 항행에 최초

★ 나라별 국기를 색칠해 보세요.

로 성공, 북자극 위치 확인, 북동항로 항행, 북극점 상공 통과 횡단비행에도 성공했어요.

남극의 빙하

40. 폴란드 (폴란드 공화국)

수도	바르샤바	언어	폴란드어
인구	3,856만 명	통화	즈워티
면적	312,685㎢ (한반도의 1.4배)		
인사말	지엔 도브리		

폴란드 국기는 하얀 독수리가 붉은 노을을 띤 하늘을 날고 있는 모습을 보고 만들었다고 해요. 지금의 국기는 1919년 정식 국기로 채택되었고 하얀색은 환희를, 붉은색은 독립을 의미해요.

폴란드는 한때 중부 유럽의 거의 모든 지역을 차지하는 대제국을 이루었으나 다른 나라들의 끊임없는 침입을 받아 여러 개로 나누어지기도 하고, 오랫동안 다른 나라의 지배를 받기도 했어요.

1939년 나치 독일과 소련의 침략(제2차 세계 대전)을 받고 서부 지역은 나치 독일에, 동부는 소련에 분할 점령되었다가 1945년 해방되었어요. 이후 민주화를 이루며 1999년에 NATO, 2004년에 유럽 연합에 각각 가입하였어요.

폴란드의 농지 면적은 전체 국토 면적의 48%를 차지해요. 유럽에서는 러시아 연방 다음의 주요 농업국으로 밀, 호밀, 보리, 귀리가 주요 생산물이지요. 공업화에도 주력하여 철강, 조선업, 농기구 공업 등이 유명해요.

★ 나라별 국기를 색칠해 보세요.

비엘리치카 소금 광산
유네스코에 의해 세계 문화유산으로 지정된 유럽에서 가장 오래된 소금 제조 광산 중 하나이고 지하 9층 327m 깊이까지 개발되었어요.

소금 광산으로 들어가는 통로

모두의 국기
아프리카

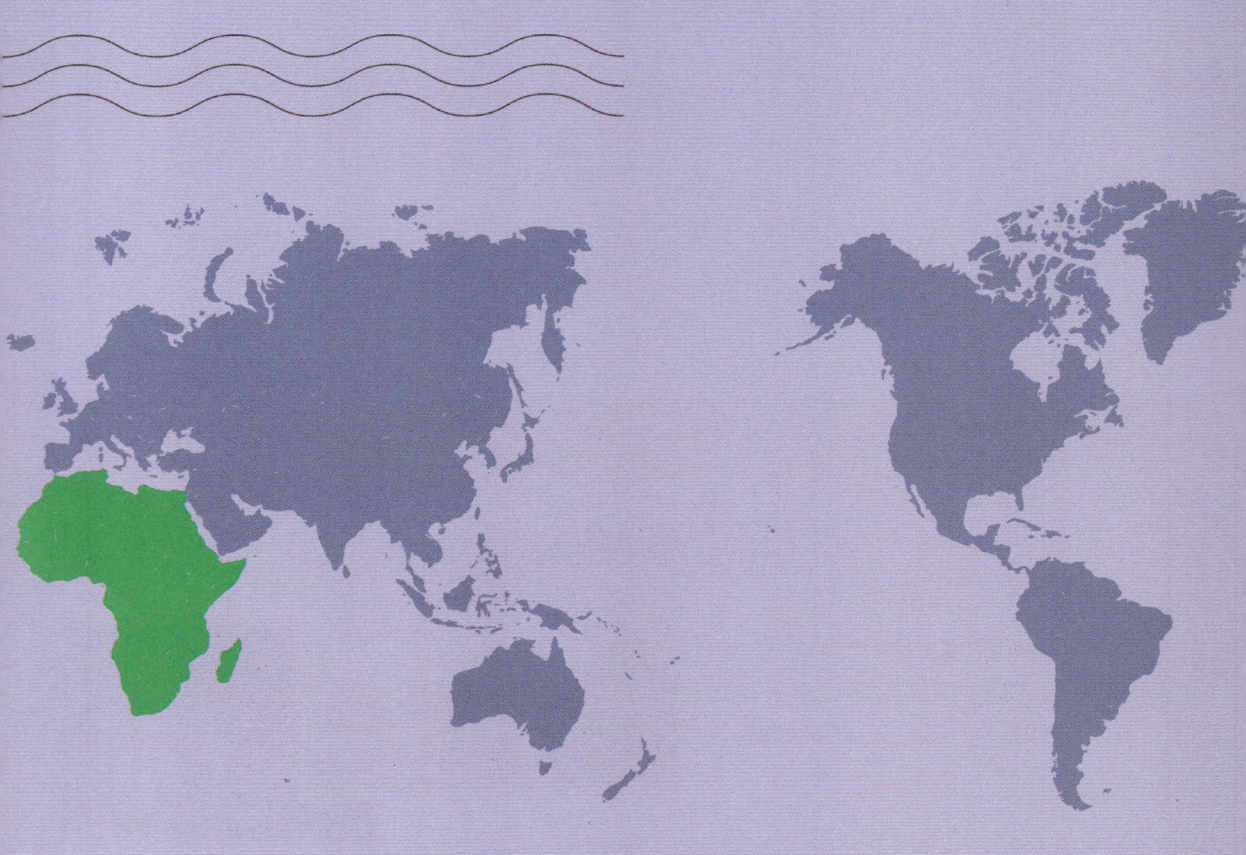

목차

41. 이집트 … 92
42. 에티오피아 … 94
43. 수단 … 96
44. 알제리 … 98
45. 코트디부아르 … 100
46. 잠비아 … 102
47. 니제르 … 104
48. 카메룬 … 106
49. 남아프리카 공화국 … 108
50. 가봉 … 110
51. 튀니지 … 112
52. 탄자니아 … 114
53. 마다가스카르 … 116
54. 나이지리아 … 118
55. 르완다 … 120
56. 세네갈 … 122
57. 가나 … 124

41. 이집트 (이집트 아랍 공화국)

수도	카이로	언어	아랍어
인구	1억 1,300만 명	통화	이집트 파운드
면적	997,739㎢ (한반도의 약 5배)		
인사말	앗살라무 알라이쿰		

이집트 국기의 붉은색은 혁명과 투쟁의 피를, 하얀색은 국민의 미래, 검은색은 지난날의 어두웠던 날을 의미해요. 한가운데 독수리 문양은 '살라딘의 독수리'라고 해요. 살라딘은 아랍의 영웅이지요.

이집트는 나일강 유역을 중심으로 일어난 가장 오래된 인류 문명의 발상지로 기원전 4,000년경에 이미 통일 국가를 이루었어요. 기원전 30년에는 클레오파트라 7세의 사망으로 로마의 지배를 받았어요. 그후 여러 나라에 지배를 받았다가 1922년 영국으로부터 독립을 했어요.

세계에서 가장 긴 나일강이 흐르는 이집트는 세계에서 가장 넓은 사하라 사막이 있는 나라예요. 고대 이집트 왕들의 무덤인 피라미드가 유명하기도 해요.
피라미드 중에서 가장 크고 웅장한 것은 카이로 서쪽 기제에 있는 쿠푸 왕의 피라미드예요. 이 피라미드는 밑변의 한 변이 약 230m, 높이가 약 146m이며, 평균 2.5톤이나 되는 큰돌을 230만 개 가량 쌓아 올렸다고 해요.

★ 나라별 국기를 색칠해 보세요.

쿠푸 왕의 피라미드는 10만 명의 사람이 20년간에 걸쳐서 완성했다고 해요.

스핑크스

스핑크스는 이집트에서 기원한 상상의 동물로, 사람의 머리와 사자의 몸을 가지고 있으며 왕의 권력을 상징해요. 동물의 왕 사자에 대한 숭배에서 비롯했다고 알려져 있어요.

42. 에티오피아 (에티오피아 연방 민주 공화국)

수도	아디스아바바	언어	암하라어(공용), 영어
인구	1억 81만 명	통화	비르
면적	1,104,300㎢ (한반도의 5배)		
인사말	떼나 잇스릉		

　에티오피아 국기는 아프리카에서 가장 오래되었어요. 바탕의 초록색은 자원의 부를, 노란색은 종교의 자유를, 붉은색은 충성을 의미해요. 국기 중앙에 '솔로몬의 별'의 파란색은 평화를, 오각별은 단결과 번영을, 빛줄기는 국민과 종교의 평등함을 상징해요.

　아프리카에서 가장 오래된 독립 국가인 에티오피아는 아프리카 유일의 문자까지 만들었어요. 그러나 에티오피아는 농업 기반의 개발도상국으로 세계에서 아직은 매우 가난한 나라 중 하나이며 식량의 자급조차 어려워 농업은 주로 자급의 목적으로 한다고 해요.

　커피의 본고장 에티오피아는 아프리카 최대의 커피 생산국이기도 해요. 아프리카에 위치한 에티오피아는 강수량이 많고 연평균 기온이 높아요. 또 토양이 비옥하여 커피 농사에 매우 유리한 자연환경을 가지고 있답니다.

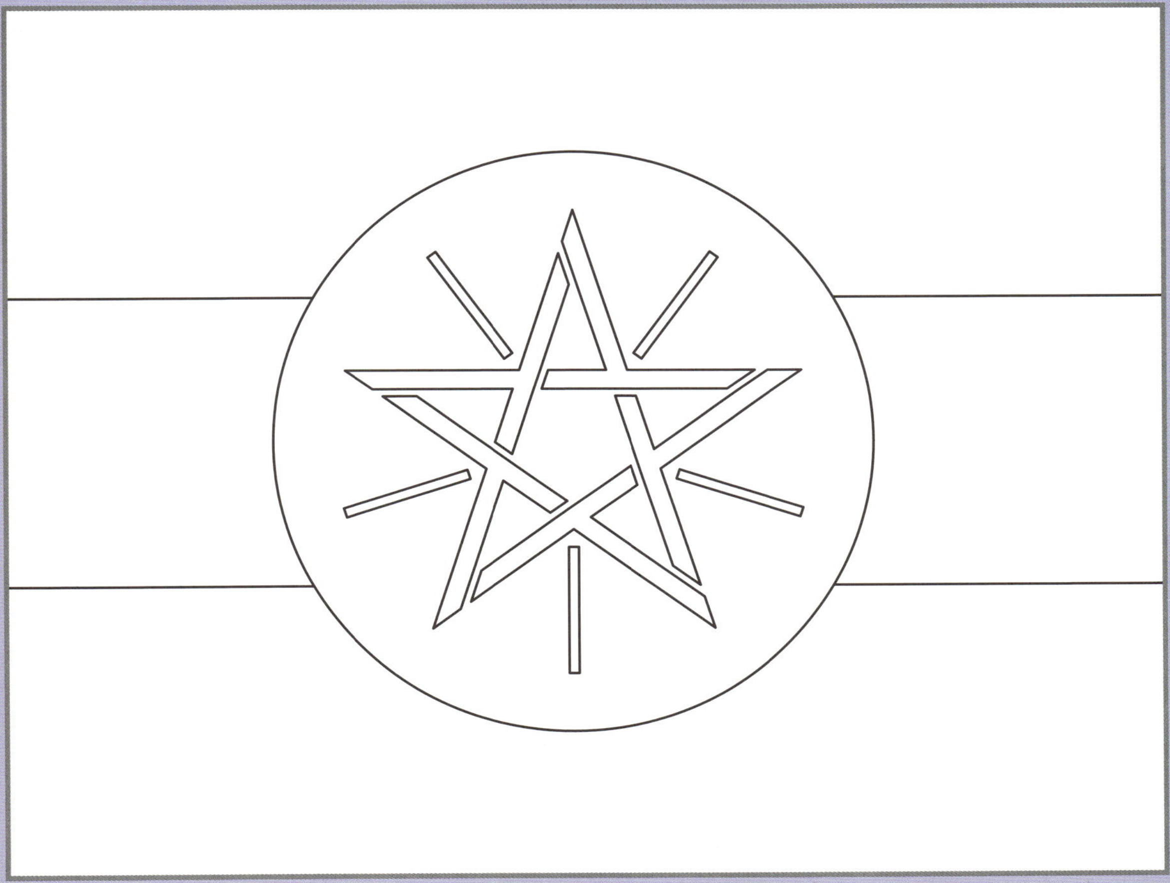

★ 나라별 국기를 색칠해 보세요.

에티오피아 영웅 맨발의 마라토너 아베베 비킬라

에티오피아의 마라톤 선수로 아프리카 흑인 최초의 올림픽 금메달리스트예요. 아베베는 맨발로 42.195㎞를 뛰어 1960년 로마 올림픽, 1964년 도쿄 올림픽에서 세계 신기록을 세우며 마라톤 2연패를 이루었어요. 그런데 이후 교통사고로 척추가 손상되어 하반신 마비가 되었지만, 절망하지 않고 1970년 노르웨이에서 열린 25㎞ 휠체어 눈썰매 크로스컨트리 대회에서 금메달을 땄어요.

43. 수단 (수단 공화국)

수도	카르툼	언어	아랍어(공용어), 영어등 총 100여 종 넘는 부족어
인구	4,322만 명	통화	수단 파운드
면적	1,861,484㎢ (한반도의 8.6배)		
인사말	앗살라무 알라이쿰		

수단 국기는 1970년 제정되었는데, 바탕의 붉은색은 독립 투쟁, 하얀색은 평화를, 검은색은 아프리카, 초록색은 이슬람교를 의미해요.

역사적으로 이집트와 오스만 제국 등의 지배를 받다가 1899년 이집트를 정복한 영국의 식민통치 밑에 들어갔으나, 1956년 1월 1일 독립하였어요.

수단은 아프리카에서 가장 넓은 땅을 가진 나라였는데, 2011년 남부와 북부의 내전으로 인해 남수단과 분리되었어요.

수단 대다수의 국민들은 농업 또는 목축업에 종사하고 있어요. 경작 할 수 있는 땅은 주로 나일강 유역에 분포하고 있어요. 또 국민의 대다수가 글을 읽거나 쓸 줄 모르고, 지속되고 있는 사회 문제 중의 하나인 기아 문제로 먹을 것이 부족하여 매일 수백 명씩 죽어 가고 있어요.

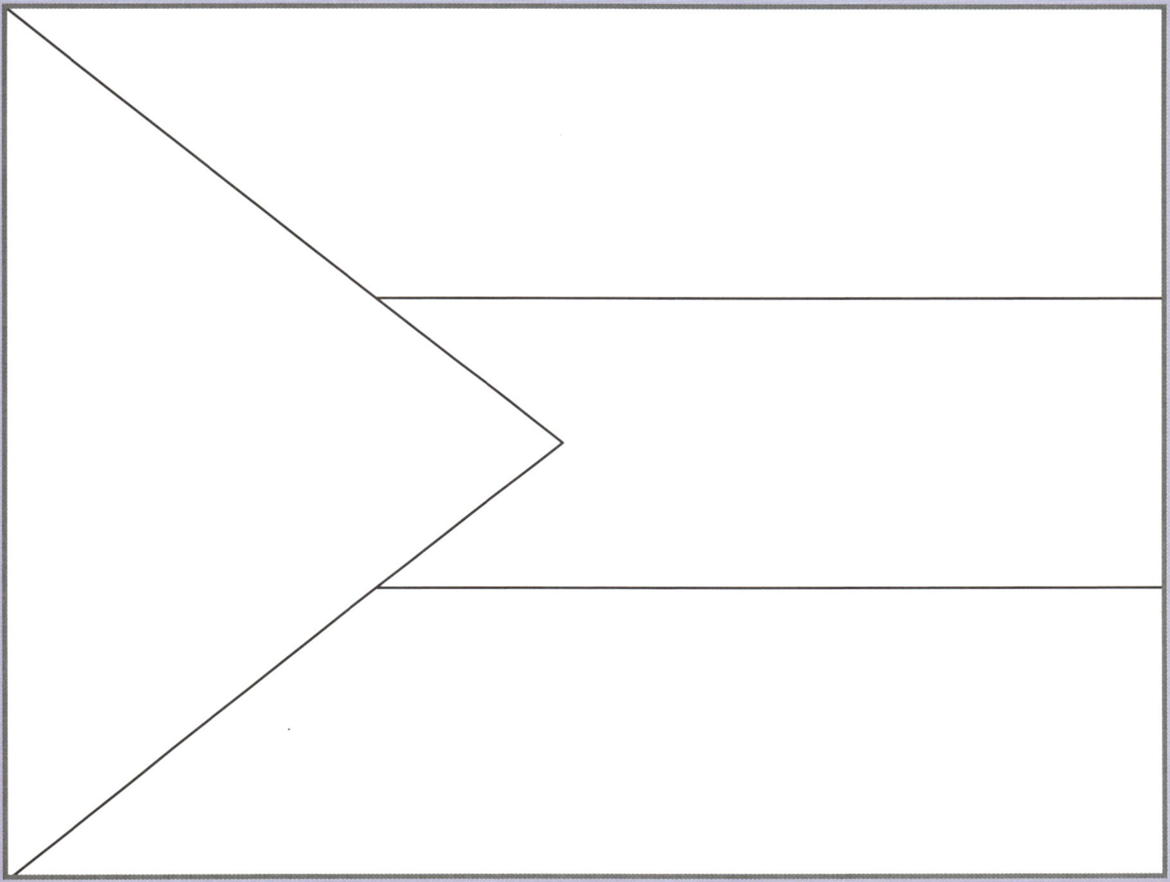

★ 나라별 국기를 색칠해 보세요.

유엔식량농업기구(FAO)
세계 각국 국민의 영양과 생활 수준 향상, 식량과 농산물의 생산 및 개선, 분배 등에 그 목적이 있어요. 매년 10월 16일은 FAO에서 지정한 세계 식량의 날이에요.

44. 알제리 (알제리 인민 민주 공화국)

수도	알제	언어	아랍어, 베르베르어, 프랑스어
인구	4,342만 명	통화	알제리 디나르
면적	2,381,741㎢ (아프리카 1위)		
인사말	앗살라무 알라이쿰		

　알제리 국기 바탕의 초록색은 번영을, 하얀색은 순결과 평화, 가운데 붉은색은 독립 전쟁에서 흘린 피, 초승달과 별은 이슬람교를 의미해요.

　알제리는 오랜 기간 이어 온 오스만 제국의 지배로부터 벗어났지만, 프랑스에 점령당해 독립운동가들이 '알제리민족해방전선(FLN)'을 결성하고 7년 넘게 독립 전쟁을 하여 1962년에 드디어 독립을 이루었어요.

　아프리카의 가장 넓은 땅을 가진 수단이 남수단으로 분리되어 지금은 아프리카에서 알제리가 가장 넓은 땅을 가지고 있으나 국토의 85%가 사막이에요.

　알제리는 석유와 천연 가스 등 풍부한 자원을 바탕으로 경제 성장을 이루었어요. 교육열이 높은 편이며 초등학교부터 대학교까지 무상교육을 하고 있어요.

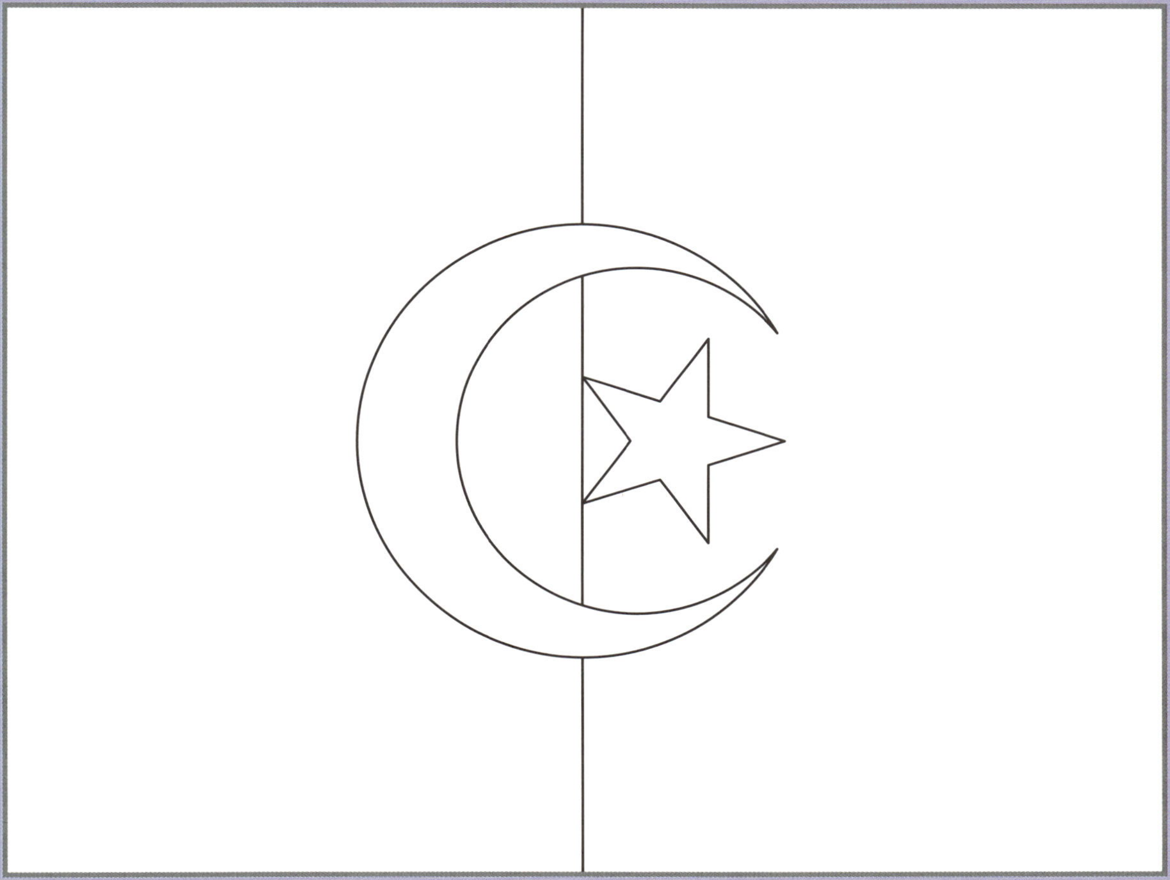

★ 나라별 국기를 색칠해 보세요.

사하라 사막

세계에서 남극 다음으로 큰 사막.
대부분 바위와 자갈로 이루어진 암석 사막이며
모래사막은 20% 정도라고 해요.

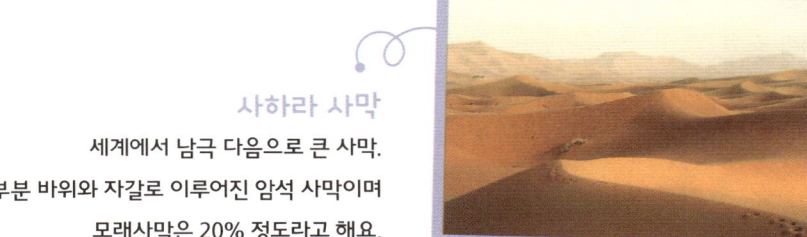

45. 코트디부아르 (코트디부아르 공화국)

수도	야무수크로 (경제수도 : 아비장)	언어	프랑스어
인구	2,572만 명	통화	세파 프랑
면적	322.463㎢ (한반도의 1.4배)		
인사말	봉쥬르		

코트디부아르 국기는 프랑스 국기를 모델로 삼았어요. 바탕의 주황색은 북부에 있는 사바나 지대를, 하얀색은 평화, 초록색은 산림 지대를 의미해요.(아일랜드 국기와 좌우 색이 반대예요.)

1893년 세네갈에서 분리되고 프랑스에 지배를 받다가 1960년 8월 프랑스로부터 완전 독립을 하였어요. 수출용 상품 작물 재배를 중심으로 하는 농업 국가예요. 커피·코코아 생산량은 세계 3위이고, 코코아 수출량은 세계 1위라고 해요.

코트디부아르는 2002년부터 5년간 1차 내전을, 2010년부터 대략 1년간 2차 내전을 경험한 바 있어요.

전쟁을 멈추게 한 사나이 코트디부아르 대표 축구선수 디디에 드로그바를 아나요? 드로그바는 "사랑하는 조국 여러분, 적어도 일주일 만이라도 전쟁을 멈추어

★ 나라별 국기를 색칠해 보세요.

주세요."라고 호소하였어요.

실제로 이후 일주일 동안 코트디부아르에서는 내전이 벌어지지 않았으며, 2년 후인 2007년에는 5년간 계속됐던 내전이 완전히 종결되었어요.

디디에 드로그바

© Brian Minkoff–London Pixels, CC BY-SA 4.0

46. 잠비아 (잠비아 공화국)

수도	루사카	언어	영어, 벰바어
인구	1,780만 명	통화	잠비아 크와차
면적	752,618㎢ (한반도의 약 3.4배)		
인사말	헬로		

　잠비아 국기는 1964년에 제정되어요. 오른쪽 붉은색은 자유를 위한 투쟁, 검은색은 국민, 주황색은 광물 자원을, 초록색 바탕은 천연자원을 의미해요.

　잠비아는 세계적인 구리 생산국이며, 1964년 독립을 하였어요. 국민 대부분은 부족 신앙을 갖고 있으며 주로 농경과 목축에 종사해요. 구리 생산량이 많아 광업이 경제에 큰 비중을 차지하고 산업 노동자와 농민 간의 빈부 격차가 크다고 해요.

　잠비아는 북쪽으로 콩고 민주 공화국, 북동쪽으로 탄자니아, 동쪽으로 말라위, 남쪽으로 모잠비크, 짐바브웨, 보츠와나, 나미비아, 서쪽으로 앙골라와 국경을 접한다고 해요.

★ 나라별 국기를 색칠해 보세요.

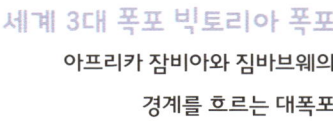
세계 3대 폭포 빅토리아 폭포
아프리카 잠비아와 짐바브웨의
경계를 흐르는 대폭포

47. 니제르 (니제르 공화국)

수도	니아메	언어	프랑스어, 하우사어
인구	2,331만 명	통화	세파 프랑
면적	1,260,000㎢ (한반도의 6배)		
인사말	봉쥬르		

　니제르 국가의 주황색은 사하라 사막을, 하얀색은 평화와 순결, 초록색은 푸른 초원, 가운데 동그라미는 태양을 의미해요.

　1903년 독립을 한 니제르는 세계에서 가난한 나라 중 하나예요. 사막이 많고 국토의 대부분이 건조하기 때문에 목축업을 주로 하며 약간의 농경지가 있어요. 그러나 우라늄의 매장량이 많아서 주요 수출품 중 우라늄이 가장 많은 비중을 차지하고 있어요.

　니제르는 지구에서 연평균 기온이 가장 높은 나라예요. 출산율 또한 세계에서 가장 높은 나라이며 전 세계에서 유일하게 출산율이 7명을 넘기는 나라라고 해요. 2020년 기준 우리나라 출산율은 1명이라고 하네요.

아프리카

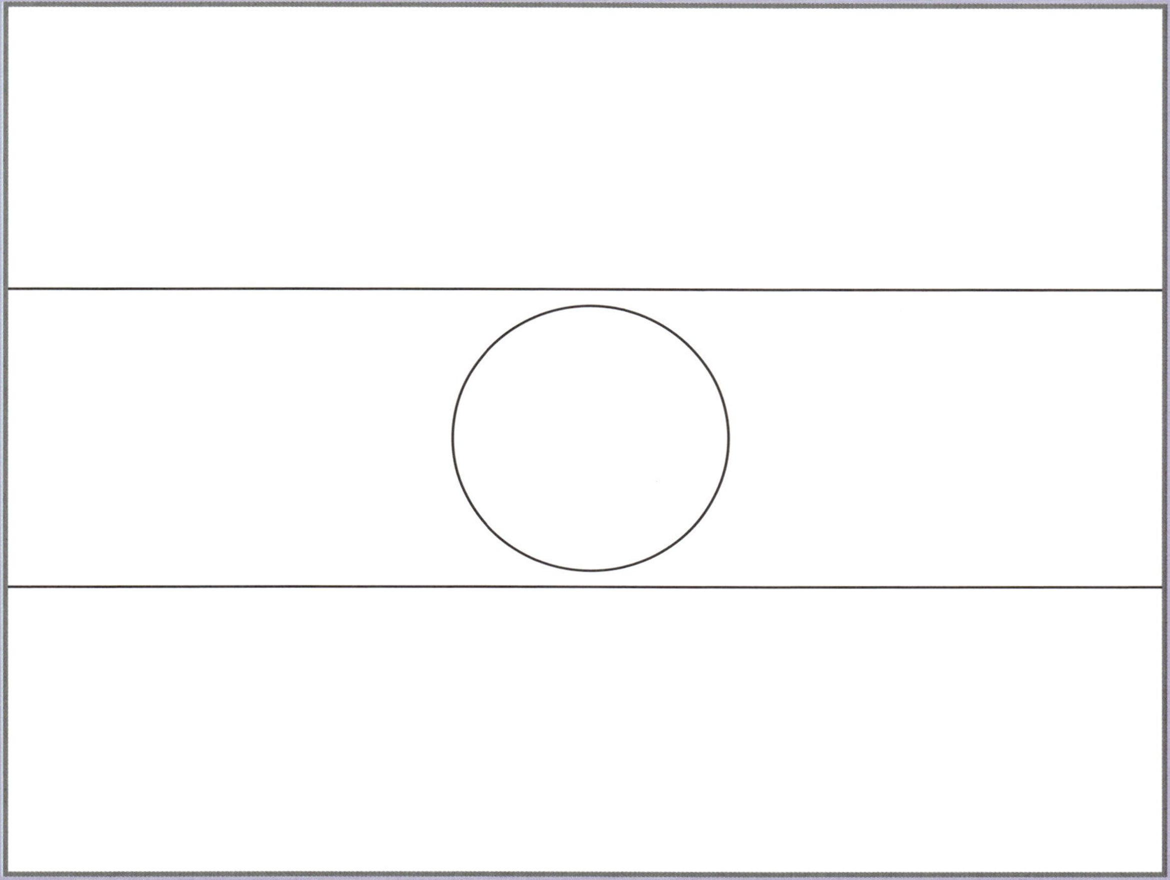

★ 나라별 국기를 색칠해 보세요.

니제르 소녀

니제르는 세계 1위 출산율, 지구에서 가장 더운 나라 1위. 합계 출산율 (여성 한 명이 출산 가능 기간에 낳을 것으로 예상되는 평균 자녀 수) 1위의 나라예요.

48. 카메룬 (카메룬 공화국)

수도	야운데	언어	프랑스어, 영어
인구	2,587만 명	통화	세파 프랑
면적	475,442㎢ (한반도의 2.2배)		
인사말	봉쥬르		

　카메룬의 국기는 처음에는 별이 두 개였다가 하나로 바뀌었어요. 바탕의 초록색은 삼림과 희망을, 붉은색은 독립과 단결을, 노란색은 태양을, 별은 국가를 의미해요.

　1884년 독일의 지배를 받던 카메룬은 제1차 세계 대전에서 독일이 패하자 각각 프랑스와 영국이 따로 지배하였고, 그 후 나뉘었던 나라는 연방 공화국으로 합쳐지고 1984년 '카메룬 공화국'으로 이름이 바뀌었어요.

　카메룬은 100개 이상의 여러 부족이 모여 살기 때문에 다양한 문화를 이루고 있어요. 커피와 카카오 등의 농업이 주요 산업이지만, 석유가 생산되면서 경제 성장을 꾸준히 이룩하고 있어요.

　국민의 반 이상이 도시에 살고 있으며, 교육 보급률이 높은 편이어서 글을 읽고 쓰는 국민들이 점점 늘어가고 있어요.

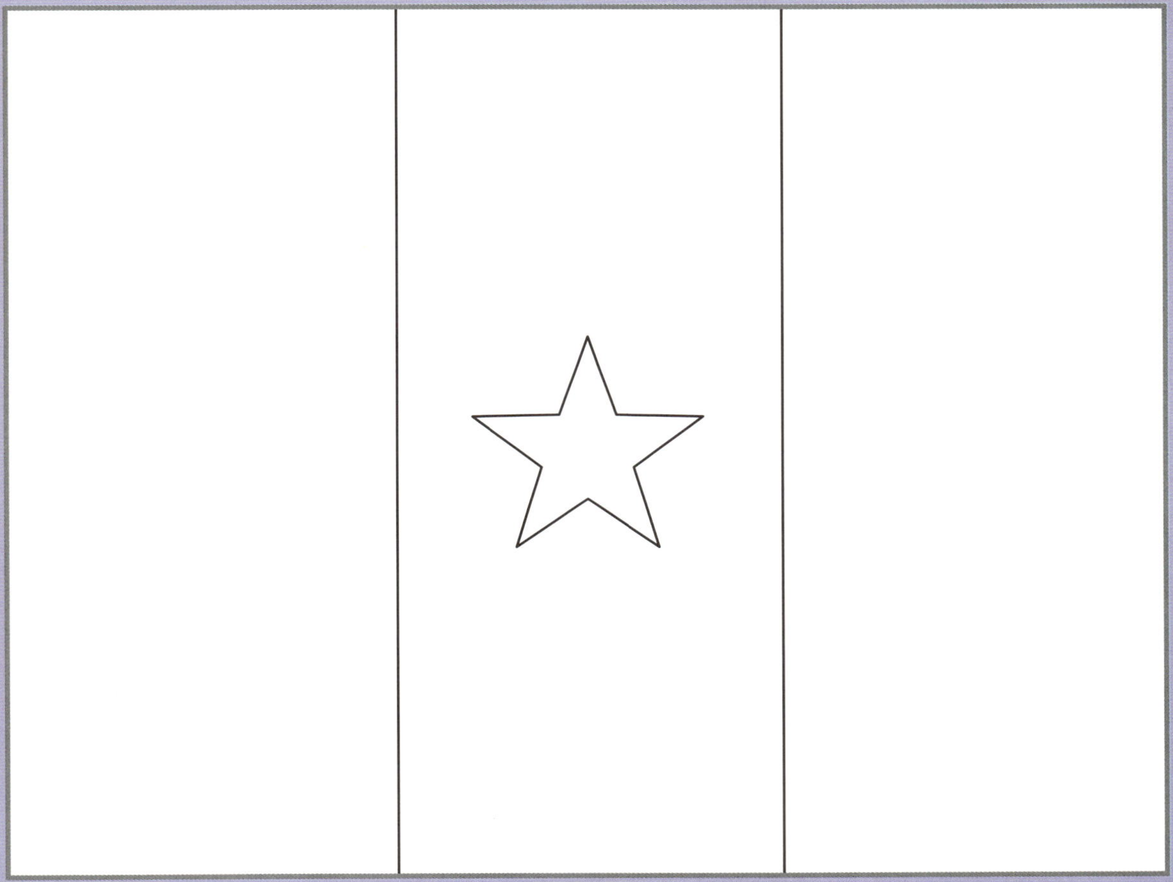

★ 나라별 국기를 색칠해 보세요.

아프리카 축구 강호 카메룬과 사무엘 에투

2000년 시드니 올림픽에서 역사상 첫 올림픽 금메달을 따는데 기여했으며, FC바르셀로나에 입단하여 2005년 아프리카 선수상을 3연속 수상했고, 2008년에는 아프리카 네이션스 컵 사상 역대 최다 득점왕이 되었어요.

© Ultraslansi

49. 남아프리카 공화국

수도	프리토리아 (행정 수도), 케이프타운 (입법 수도), 블룸폰테인 (사법 수도)		
언어	영어, 아프리칸스어 및 9개 토속어 등 총 11개 언어를 공용어로 사용		
인구	5,671만 명	통화	랜드
면적	1,220,000㎢ (한반도의 5.5배)	인사말	헬로

　남아프리카 공화국 국기는 바탕의 빨간색은 전쟁에서 흘린 피를, 초록색은 농업, 노란색은 광물자원, 파란색은 하늘, 검은색과 흰색은 흑인과 백인을 의미해요.

　아프리카 대륙의 가장 남쪽 끝에 위치한 남아프리카 공화국은 우리나라 계절과 정반대 (12월~2월이 여름이고, 6월~8월이 겨울이며 그 사이에 가을과 봄)이고 농업과 목축업이 발달하여 옥수수, 밀 등이 생산되며 양을 많이 길러 양모를 수출하기도 해요.
　특히 세계 최고의 매장량을 자랑하는 다이아몬드와 금은 이 나라의 가장 중요한 산업이에요.

　세계에서 가장 오래된 고인류 유적지를 가지고 있을 만큼 인간이 거주한 지 오래된 국가이지만 과거에 실시한 인종 차별 (아파르트헤이트 정책) 때문에 국제적인

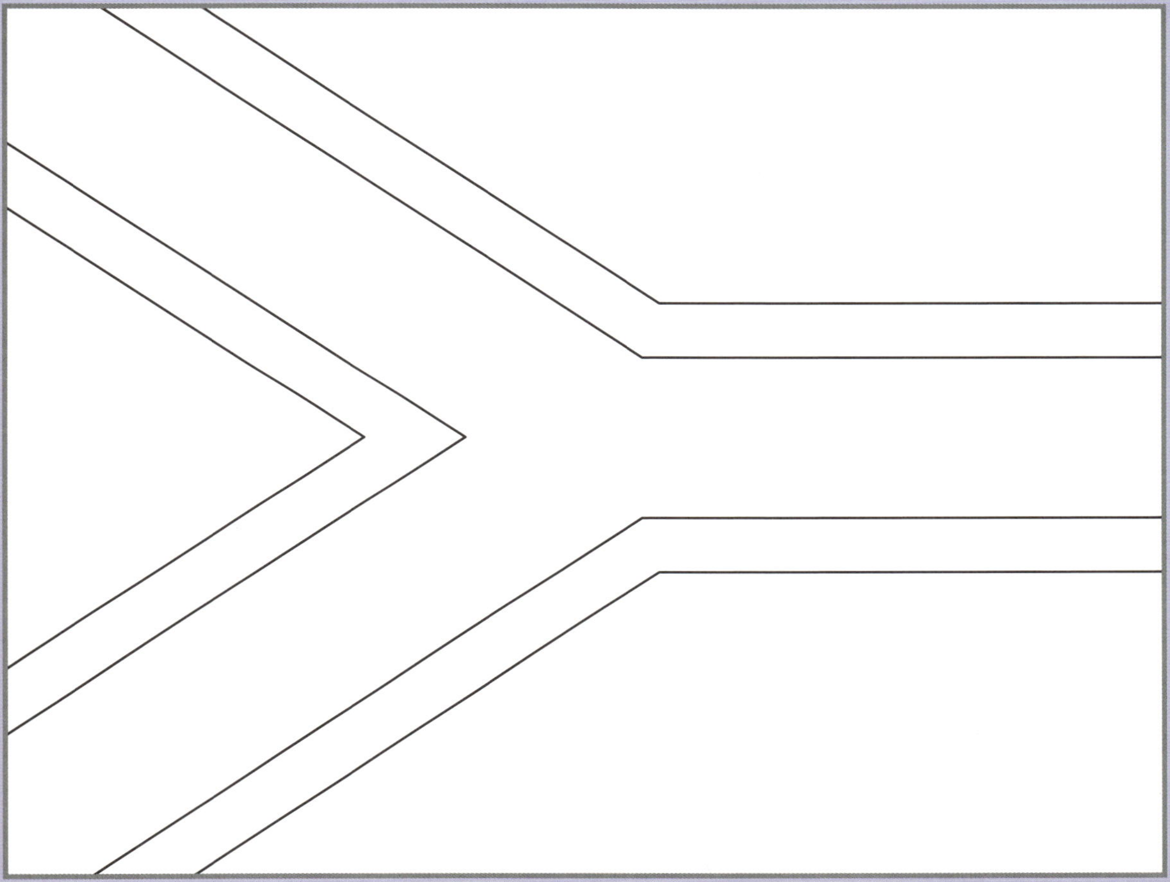

★ 나라별 국기를 색칠해 보세요.

도 했어요. 그러나 1994년에 취임한 남아프리카 공화국 최초의 흑인 대통령 넬슨 만델라가 인종 차별 정책을 폐지하면서 국제 관계를 회복하였어요.

넬슨 만델라
남아프리카 공화국 최초의 흑인 대통령 넬슨 만델라는 노벨평화상을 받으며 세계 인권 운동의 상징적인 존재가 되었어요.

50. 가봉 (가봉 공화국)

수도	리브르빌	언어	프랑스어
인구	211만 명	통화	세파 프랑
면적	267,000㎢ (한반도의 1.2배)		
인사말	봉쥬르		

　가봉의 국기는 1960년 제정되어요. 바탕의 초록색은 삼림을, 노란색은 태양 또는 적도, 파란색은 바다를 의미해요.

　1960년 프랑스로부터 독립한 가봉은 아프리카의 서부 적도 선상에 있으며 국토에 비해 인구는 적은 편이에요. 천연자원이 풍부하고 외국 자본의 투자가 활발해 아프리카 대륙에서 비교적 윤택한 생활을 해요. 아프리카에서 국민 소득이 가장 높은 나라 중의 하나로 국민 복지 제도가 잘 갖추어져 있지요. 주요 지하자원은 원유, 망간, 우라늄, 금, 금강석 등이고, 주요 농산물로는 코코아, 커피, 바나나, 땅콩 등이 있어요.

　가봉은 1913년 독일 의사 슈바이처가 병원을 세워 의료 봉사를 시작했던 곳이에요. 슈바이처는 이곳에서 아프리카인의 질병과 싸우는 생활을 하였으며, 1965년 이곳에서 사망하였어요.

★ 나라별 국기를 색칠해 보세요.

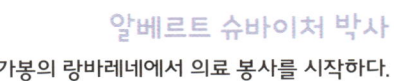
알베르트 슈바이처 박사
가봉의 랑바레네에서 의료 봉사를 시작하다.

51. 튀니지 (튀니지 공화국)

수도	튀니스	언어	아랍어, 프랑스어
인구	1,193만 명	통화	튀니지 디나르
면적	162,155㎢ (한반도의 3/4)		
인사말	앗살라무 알라이쿰		

튀니지 국기는 1959년 6월 공식 제정되었어요. 하얀색 원은 태양을 상징하고, 별과 초승달은 이슬람교를 상징하며, 튀르키예의 국기를 바탕으로 만들었어요.

튀니지는 유럽, 아시아, 아프리카 세 대륙에 둘러싸인 바다, 즉 아프리카 지중해 연안에 있는 나라로, 기원전 무적의 로마 군대의 콧대를 크게 꺾었던 카르타고의 명장 한니발이 활약했던 옛 카르타고의 땅이에요.

로마, 아랍의 지배를 거쳐 1881년 프랑스의 보호국이 되었다가, 1956년 3월 독립을 했어요.

국토는 농경지, 목초지, 삼림 지대로, 북아프리카에서 가장 좋은 환경을 갖추고 있어요. 지하자원은 인광석이 많으며 그 밖에 철광, 수은, 망간, 석유 등이 있어요.

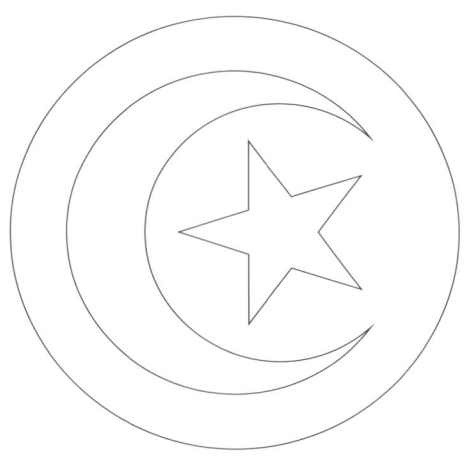

★ 나라별 국기를 색칠해 보세요.

카르타고 유적지
유네스코 세계 문화유산이에요.
수도 튀니스에서 상당히 가까운 위치에 있으며
이름난 관광지 중 하나라고 해요.

52. 탄자니아 (탄자니아 합중국)

수도	다르에스살람 (경제·행정 수도) 도도마 (정치 수도)		
언어	스와힐리어, 영어	인구	5,800만 명
면적	945,087㎢ (한반도 약 4.3배)	통화	탄자니아 실링
인사말	후잠보		

　탄자니아는 탕가니카와 잔지바르 두 나라가 합병해서 만들어진 나라예요. 탄자니아의 국기는 두 나라의 국기를 조합하여 1964년 6월 제정되었어요. 초록색은 국토를, 검은색은 국민을, 노란색은 광물 자원을, 파란색은 인도양을 의미해요.

　1960년대 초 탕가니카와 잔지바르가 각각 독립한 후, 1964년 두 나라가 합병하여 '탄자니아 공화국'으로 되었어요. 세계적으로 유명한 세렝게티 국립 공원이 있어요. 세렝게티 이외에도 미쿠미, 셀루스, 타랑기레, 루아하 등 수많은 국립 공원과 야생동물 보호구역들이 있어 세계적인 관광지로 탄자니아의 관광 산업에 큰 역할을 하죠. 에티오피아, 케냐와 더불어 아프리카를 대표하는 커피 생산국이에요.

　아프리카의 푸른 별 탄자나이트는 세계에서 유일하게 아프리카의 탄자니아에서만 발견되는 보석이에요.

★ 나라별 국기를 색칠해 보세요.

세렝게티 국립 공원

면적 약 1만 5000㎢이고 킬리만자로산 서쪽,
사바나 지대의 중심에 있는 탄자니아 최대의 국립공원이에요.
세계 최대의 평원 수렵 지역을 중심으로 사자, 코끼리, 들소,
사바나얼룩말 등 약 300만 마리의 대형 포유류가 살고 있어요.

53. 마다가스카르 (마다가스카르 공화국)

수도	안타나나리보	언어	말라가시어, 프랑스어
인구	2,696만 명	통화	아리아리
면적	587,041㎢ (한반도의 2.7배)		
인사말	마나 오나		

　마다가스카르 국기는 1959년에 제정되었어요. 하얀색, 붉은색, 초록색의 삼색기이며, 자유, 애국, 진보를 상징하고 있어요.

　마다가스카르는 세계 4위의 큰 섬으로, 1897년 프랑스로부터 지배를 받다가 1957년 자치령 말라가시 공화국이 되었어요. 이후 1960년 프랑스로부터 독립을 하여 1975년 국명을 마다가스카르 민주 공화국으로 바꾸었으나, 1992년 신헌법을 제정하고 국명을 마다가스카르 공화국으로 바꾸었어요.

　《어린 왕자》 동화에서 나오는 바오바브나무를 아나요?
　B-612라는 별에서만 있을 것 같은 바오바브나무는 마다가스카르섬에서 많이 볼 수 있어요.
　세상에서 가장 크고 오래 사는 식물 중 하나지요. 이 나무가 건조한 지역에서

아프리카

★ 나라별 국기를 색칠해 보세요.

오래 살 수 있는 이유는 물이 부족한 기후에 적응하기 위해 물을 아주 조금씩 사용하고 물을 찾아 뻗어 나가는 크고 튼튼한 뿌리가 있기 때문이라고 해요.

바오바브 나무

54. 나이지리아 (나이지리아 연방 공화국)

수도	아부자	언어	영어, 250개 토착어
인구	2억 96만 명	통화	나이라
면적	923,768㎢ (한반도의 4.2배)		
인사말	헬로		

　나이지리아 국기는 일반 디자인 공모 2,780개의 후보작 중 한 학생이 제출한 작품이 채택되어 1960년 제정되었어요. 바탕의 초록색은 풍부한 삼림과 천연자원을 나타내며, 하얀색은 평화를 의미해요.

　1960년 영국으로부터 독립하고 1963년에 연방 공화국이 된 나이지리아는 아프리카에서 인구가 가장 많은 나라이자 세계에서 7번째로 인구가 많은 나라이기도 해요. 석유와 천연가스 매장량이 많고 풍부한 천연자원이 있어요.

　나이지리아에는 250여 종족이 살고 있는데 각각 고유의 관습과 전통, 언어를 갖고 있어요.

★ 나라별 국기를 색칠해 보세요.

아프리카에서 가장 영화 산업이 발달한 나라로, '놀리우드'라 불리며 현재 인도 '발리우드'에 이어 세계에서 2번째로 영화를 많이 만드는 나라라고 해요. 한 해 2,500여 편 이상의 영화를 제작한다고 해요.

영화 필름

55. 르완다 (르완다 공화국)

수도	키갈리	언어	킨야 르완다어, 영어, 프랑스어
인구	1,260만 명	통화	르완다 프랑
면적	26,338㎢ (남한의 약 1/4)		
인사말	무라호		

르완다 국기의 파란색 띠는 노란색 띠와 초록색 띠에 비해 폭이 넓어요. 파란색 띠 오른쪽에는 24줄기의 노란색 태양이 그려져 있어요. 파란색은 평화와 행복을, 노란색은 국가 발전을, 초록색은 번영의 희망을, 노란색 태양은 르완다 국민의 깨우침을 의미해요.

1961년 자치 정부를 수립하고 이듬해인 1962년에 독립한 르완다는 국토 면적에 비해 인구가 많이 밀집해 있고 내전으로 경제 상황이 매우 어려워요.

천연자원이 거의 없는 육지로 둘러싸이고 바다가 없는 내륙국이어서 경제적으로 불리한 편이며, 취업 인구의 90% 이상이 농업에 종사하고 있어요. 커피가 주산물이에요.

★ 나라별 국기를 색칠해 보세요.

르완다 대량 학살

르완다의 토착 부족인 후투족과 소수 민족인 투치족 간의 종족 분쟁. 1994년 르완다에서 후투족 출신 대통령이 비행기 격추 사고로 숨지자, 인구의 85%를 차지하는 후투족 강경파가 100여 일 동안 인구의 14%인 투치족과 후투족 온건파 등 전체 인구의 10%에 달하는 80만 명 이상을 학살한 사건이에요.

르완다 농업

56. 세네갈 (세네갈 공화국)

수도	다카르	언어	프랑스어, 월로프어
인구	1,630만 명	통화	세파 프랑
면적	196,712㎢ (한반도 면적과 유사)		
인사말	봉쥬르		

세네갈 국기는 1960년 말리 연방에서 분리됨과 동시에 제정되었어요. 말리 국기와 다른 점은 가운데 초록색 별이 있고 없음으로 구분할 수 있어요. 세네갈의 국기에 있는 초록색이 더 진하다해요. 바탕에 있는 별은 희망과 화합, 초록색은 농업과 희망, 노란색은 천연자원, 붉은색은 독립 투쟁을 의미해요.

세네갈은 대부분 지역이 평평하고 주로 농업을 기반으로 하는 농업 국가예요. 주요 수출품으로는 '세네갈의 황금'이라고 불리는 땅콩으로, 총 수출액의 20%가 넘어요.

경제적으로는 후진국이지만 1960년 독립 이후 독재정치가 한 번도 없는 아프리카의 몇 안 되는 국가로, 민주주의를 유지하고 있어요. 서아프리카의 다른 어느 나라보다도 항공 교통이 편리한 곳으로, 서아프리카를 처음 여행하는 사람들이 많이 찾는 곳이에요.

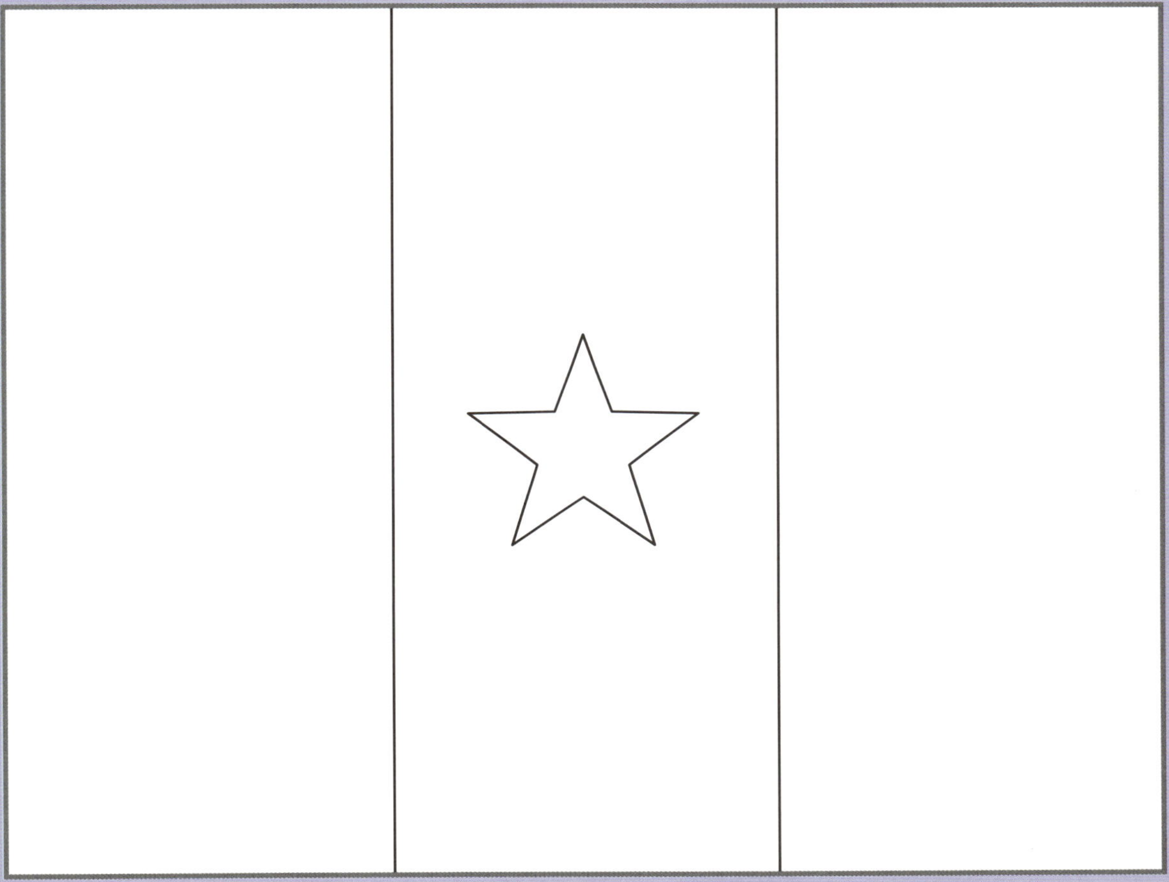

★ 나라별 국기를 색칠해 보세요.

세계 최고 권위의 자동차 경주 대회 다카르 랠리
사하라 사막을 헤치면서 약 3주일간 12,000~14,000km를 달리는 장거리 자동차 경주로 파리에서 출발하는 유명한 자동차 레이스 파리-다카르 랠리의 종점에 있는 한 나라이기도 해요.

57. 가나 (가나 공화국)

수도	아크라	언어	영어, 아칸어
인구	3,028만 명	통화	가나 세디
면적	238,537㎢ (한반도의 1.1배)		
인사말	헬로		

　가나의 국기는 1957년 독립과 함께 제정되었어요. 에티오피아 국기를 모델로 삼았어요. 바탕에 있는 검은색 별은 아프리카인들과 아프리카의 자유를, 붉은색은 독립을 위해 흘린 피를, 노란색은 풍부한 광물을, 초록색은 삼림과 천연자원을 의미해요.

　가나는 1957년 3월 아프리카 대륙에서 다른 나라보다 일찍 독립하였고 1960년 국민 투표로 공화국이 되었어요.

　남아프리카 공화국에 이어서 아프리카에서 금을 두 번째로 많이 생산하는 나라이며, 다이아몬드와 망가니즈, 석유 등도 생산하고 있어요. 또 코트디부아르에 이어 카카오를 세계에서 두 번째로 많이 생산하는 나라이고도 해요.

　가나 동남부에 있는 인공 호수인 볼타호는 가나의 호수로, 세계 최대의 저수지로 면적은 약 8,500km²예요. 아코솜보 댐이 건설되면서 생겼어요.
　아코솜보 댐은 가나에 대부분의 전기를 공급하는 대규모 수력발전 댐이에요.

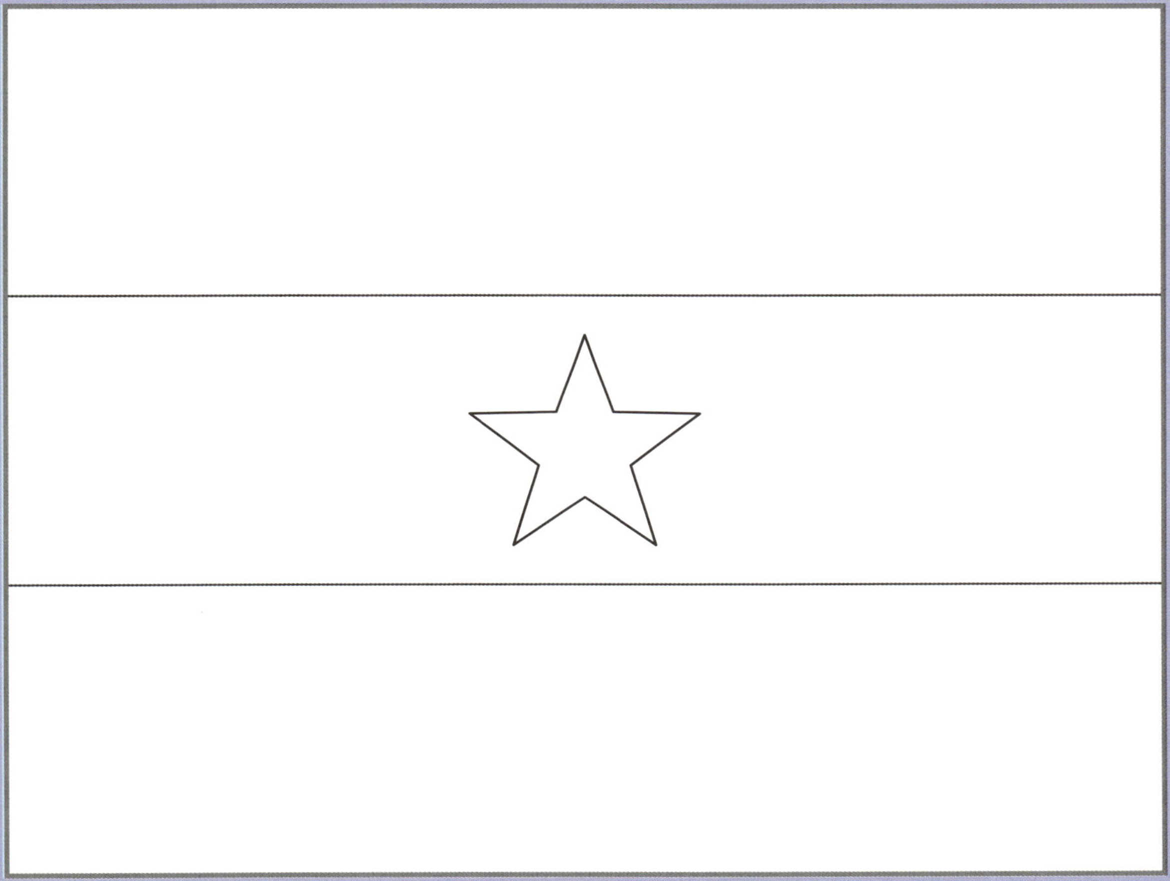

 나라별 국기를 색칠해 보세요.

독립 광장

가나는 1957년 3월 독립일을 기념하기 위해 독립문과 독립기념 탑을 건립했어요. 독립 광장은 검은 별 광장으로 불리기도 해요. 검은 별은 아프리카의 자유 통일과 가나를 상징 해요.

모두의 국기
아메리카

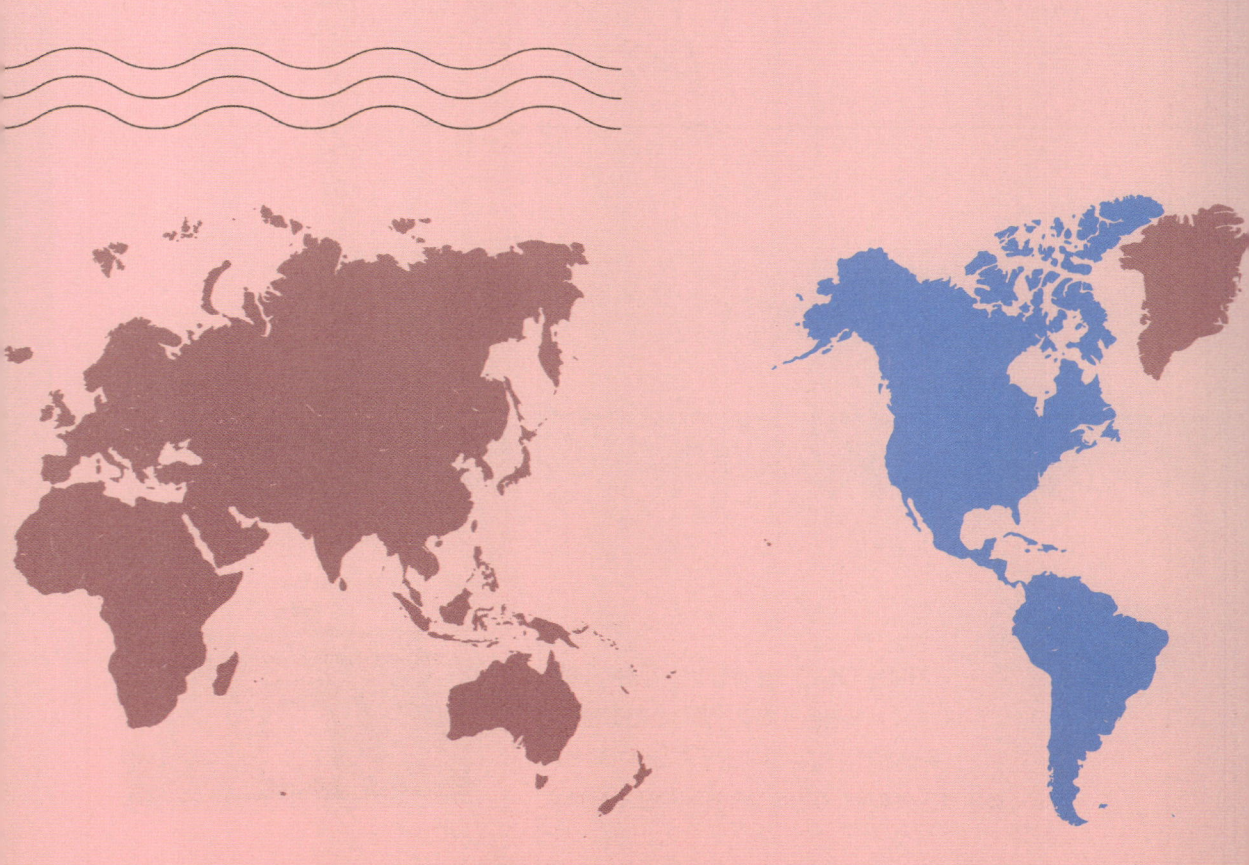

목차

58. 미국 ··· **128**

59. 캐나다 ··· **130**

60. 브라질 ··· **132**

61. 아르헨티나 ··· **134**

62. 베네수엘라 ··· **136**

63. 칠레 ··· **138**

64. 볼리비아 ··· **140**

65. 페루 ··· **142**

66. 콜롬비아 ··· **144**

67. 멕시코 ··· **146**

68. 파라과이 ··· **148**

69. 파나마 ··· **150**

58. 미국 (미합중국)

수도	워싱턴 D.C	언어	영어
인구	3억 2,823만 명	통화	미국 달러
면적	9,830,000㎢ (한반도의 45배)		
인사말	헬로		

　미국의 국기는 성조기라고 하며 미국을 구성하는 연방주의 수만큼 별이 있어서, 주가 증가할 때마다 별의 수가 증가해요. 1777년 처음 제정하였는데, 독립선언 당시의 13주를 기념하기 위하여 13개의 줄과 13개의 별이 그려진 기였는데 1960년 하와이주가 미국의 50번째 연방주로 가입한 후 50개의 별을 담은 국기가 오늘날 미국의 공식적인 국기로 쓰이고 있어요.

　세계에서 국토가 세 번째로 큰 나라이고 백인, 흑인, 아시아인 등 여러 인종들이 모여 사는 다양한 민족으로 구성된 국가로 세계 최강국이에요.
　주요 천연자원 생산국이기도 하며 세계의 주요 식량 수출국이기도 한 미국은 산업 발달을 통해 경제적 부를 이루었고 가장 풍요로운 생활을 누리고 있으나 인종 차별과 빈부계층 간의 대립이 큰 사회 문제가 되고 있어요.

　세계 최강의 군사력을 가지고 있는 미국은 세계 군사력 순위에서 1위의 자리를 굳건히 유지하고 있으며, 전 세계 무기 수출 1위 국가로 인구 대비 총기 보유 비율이 가장 높은 국가 중 하나예요.

★ 나라별 국기를 색칠해 보세요.

세계 최고의 권위를 자랑하는 노벨상의 수상자가 가장 많은 나라이기도 한 미국은 아메리칸 드림의 상징인 자유의 여신상도 유명해요.

자유의 여신상

자유의 여신상은 미국의 독립 100주년을 기념해 프랑스가 미국에 보낸 선물로 높이는 34m이고 무게는 대략 20,000kg으로 이민자들에게는 상징적인 존재라고 해요.

59. 캐나다

수도	오타와	언어	영어, 프랑스어
인구	3,774만 명	통화	캐나다 달러
면적	9,970,000㎢ (세계 2위, 한반도의 45배)		
인사말	헬로		

　캐나다 국기는 1965년에 제정되었어요. 캐나다의 상징인 단풍 모양 때문에 흔히 메이플 리프 플래그(Maple Leaf Flag)라고 하지요. 바탕의 양쪽 붉은색은 태평양과 대서양을 의미해요.

　캐나다는 넓은 토지와 풍부한 광물 자원이 세계 10위에 들어갈 정도로 손꼽히는 농업국이자 공업국에요. 다양한 민족으로 구성되어 있고, 국민 대부분이 미국과의 국경인 최남부에 모여 살고 있어요.

　캐나다의 특산물은 메이플 시럽이에요.
　캐나다의 동부 지방에서는 따뜻한 기온 덕분에 설탕단풍나무 수액이 풍부해요. 나무 한 그루에서 1년에 10여 리터의 수액을 얻을 수 있으며 이 수액을 끓여서 졸이면 짙고 달콤한 시럽이 되는데, 이 시럽이 바로 메이플 시럽이에요.

★ 나라별 국기를 색칠해 보세요.

세계 3대 폭포 나이아가라 폭포
미국과 캐나다의 국경을 따라 흐르는 나이아가라강에 있는 폭포예요. 고트섬에서 둘로 갈라지는데, 대형 폭포(캐나다)와 하나의 소형 폭포(미국)로 나뉘지요. 이 일대는 두 나라의 국립 공원이자 세계적인 관광지예요.

131

60. 브라질 (브라질 연방 공화국)

수도	브라질리아	언어	포르투갈어
인구	2억 1천만 명	통화	헤알
면적	8,510,000㎢ (한반도의 약 37배)		
인사말	봉 지아(아침), 보아 따르지(오후), 보아 노이뜨(저녁)		

　브라질의 국기는 처음 공화국을 선포한 1889년에 제작되었어요. 원안에 있는 별들은 당시에 리우데자네이루(도시)의 하늘에 펼쳐진 모양이라고 해요. 파란색 원 안에는 브라질을 구성하는 주와 연방구를 의미하는 27개의 별이 있어요.

　초록색 바탕은 농업, 노란색은 광물 자원, 파란색은 하늘, 흰색 띠 안에는 '질서와 진보'라는 포르투갈어가 쓰여 있어요.

　포르투갈 식민지에서 1822년 독립하여 1889년 공화국이 된 브라질은 세계에서 다섯 번째로 큰 국가예요. 국토의 60% 이상이 정글 또는 산림으로 덮여 있어 임산자원이 무한하고, 철광석·보크사이트·망간·구리 등 30여 종에 이르는 막대한 양의 지하자원을 보유하고 있어요. 세계 제일의 커피 생산국이자 수출국으로 대규모 농장에서 커피를 경작해요.

　아마존은 지구에서 만들어지는 산소의 약 20% 이상을 생산해 내는 곳으로 지구의 허파라고도 불려요.

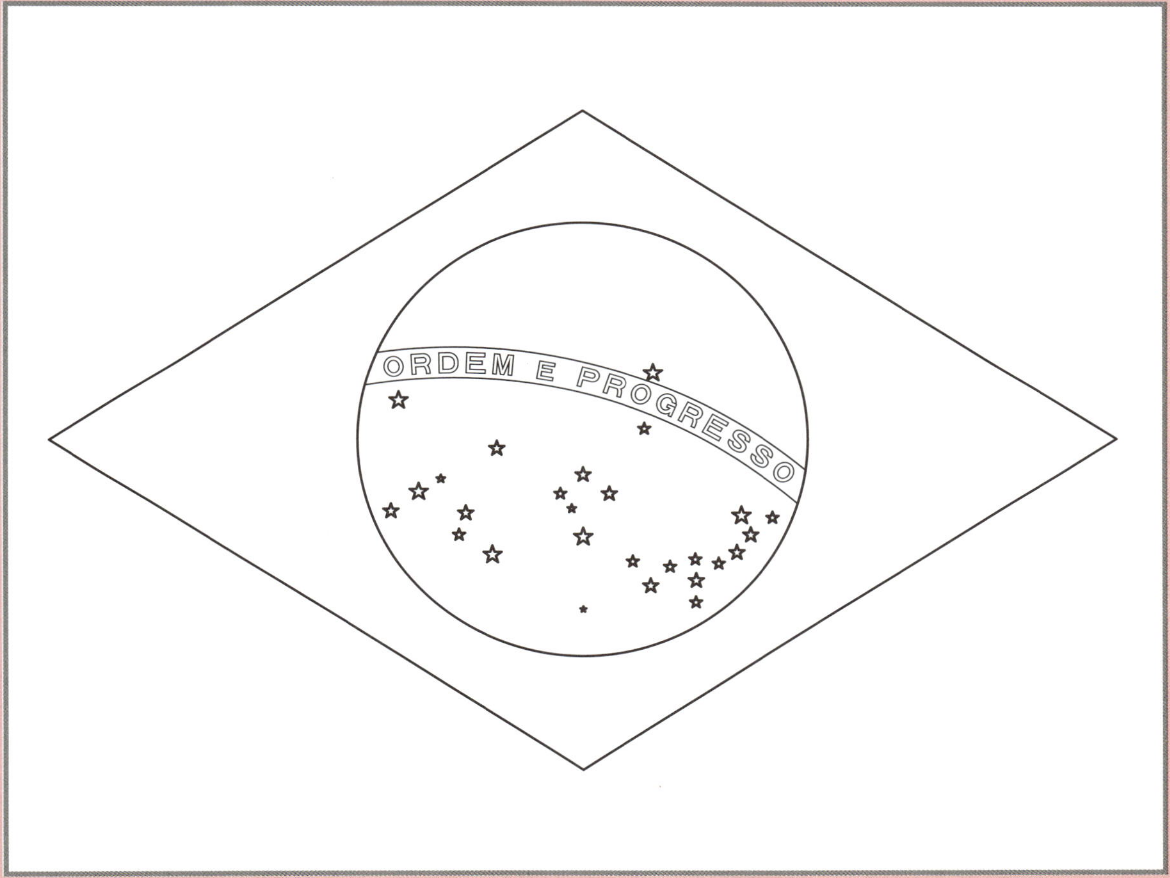

ORDEM E PROGRESSO

★ 나라별 국기를 색칠해 보세요.

아마존은 브라질, 페루, 볼리비아, 콜롬비아 등 아홉 개 나라에 걸쳐 있는 땅인데 브라질이 가장 많은 부분을 차지해요.

코르코바두 예수상

2007년 새로운 세계 7대 불가사의로도 알려진 리우의 대표 랜드마크인 예수상이에요. 1931년에 브라질의 독립 100주년을 기념하기 위해 만든 이 동상은 높이가 무려 38m, 좌우로 벌린 두 팔의 길이도 28m, 무게는 1,145톤이에요. 전망대에서는 시내 경관뿐만 아니라 해안까지도 볼 수 있어요.

61. 아르헨티나 (아르헨티나 공화국)

수도	부에노스아이레스	언어	스페인어
인구	4,505만 명	통화	페소
면적	2,790,000㎢ (한반도의 12배)		
인사말	부에노스 디아스(아침), 부에노스 따르데스(점심), 부에노스 노체스(저녁), 올라(안녕)		

아르헨티나 국기의 색깔은 당시 독립운동을 한 군인들의 군복 색깔이고, 하늘과 땅을 의미해요. 국기 중앙의 32개의 햇살을 가진 문양은 5월의 태양인데 이는 스페인으로부터 독립하는 계기가 된 1810년에 일어난 5월의 혁명을 의미해요.

아르헨티나는 열대우림과 빙하를 동시에 가지고 있는 몇 안 되는 나라로, 국토 면적이 세계에서 여덟 번째로 큰 나라이며 스페인으로부터 독립 직후 브라질과 파라과이 등 남미의 주변 나라들과의 전쟁에서 승리하면서 남미의 강대국으로 급부상했으나 세계 대공황의 여파로 인해 경제적으로 큰 타격을 입어 강대국의 대열에서 이탈했어요.

축구는 브라질과 함께 남미에서 가장 강하고 전 세계적으로도 대표 강호 중 하나예요. 많은 아르헨티나 축구 선수들이 전 세계 유럽 리그에 진출해 활약하고 있지요. 축구 천재 마라도나 리오넬 메시 역시 아르헨티나 출신 축구 영웅들이에

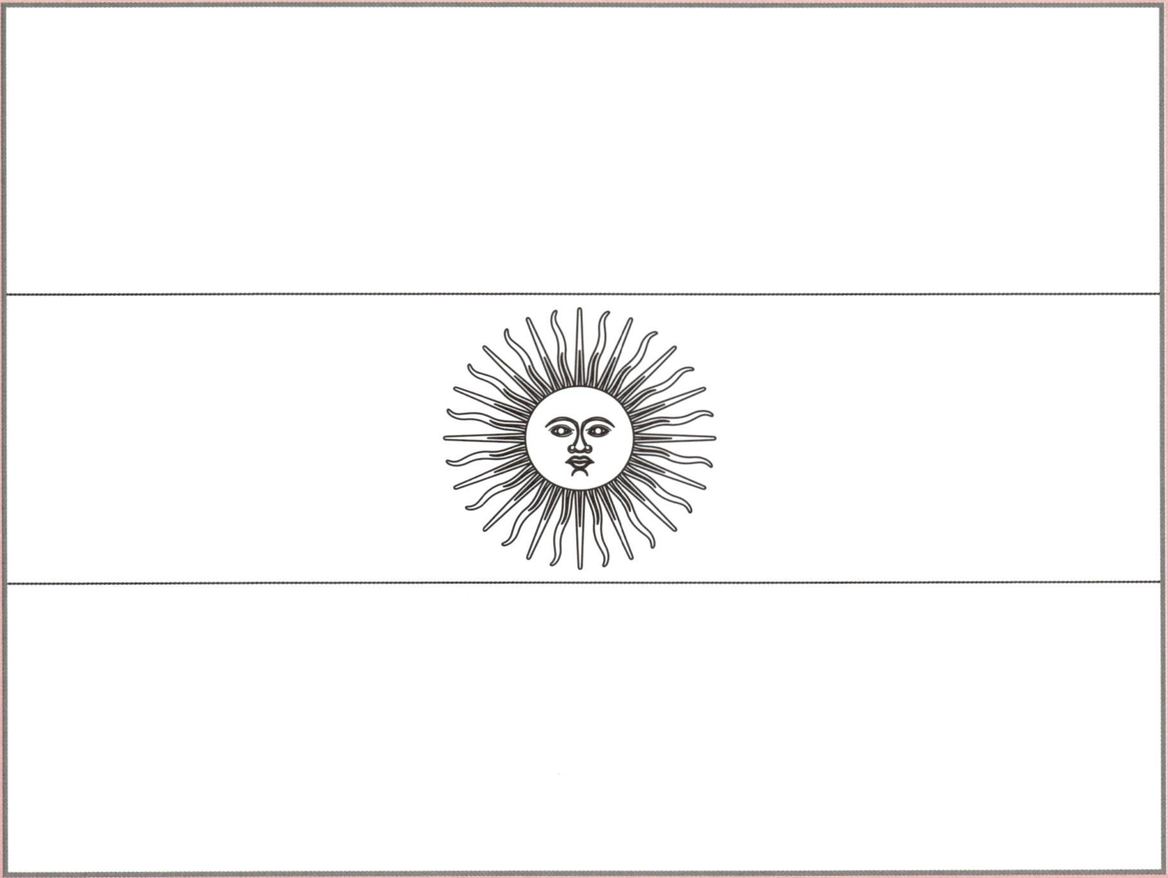

★ 나라별 국기를 색칠해 보세요.

요. 그리고 현재 세계에서 가장 많은 축구 선수들이 해외로 진출하는 나라 중의 하나이기도 해요.

유네스코의 세계 문화유산에 등재된 이구아수 폭포
세계적으로 유명한 이구아수 폭포는 세계 3대 폭포 중 하나로 브라질과 아르헨티나 국경에 있으며 270여 개의 폭포들로 이루어져 있어요.

62. 베네수엘라 (베네수엘라 볼리바르 공화국)

수도	카라카스	언어	스페인어
인구	2,864만 명	통화	볼리바르
면적	912,050㎢ (한반도의 4.5배)		
인사말	부에노스 디아스(아침), 부에노스 따르데스(점심), 부에노스 노체스(저녁), 올라(안녕)		

　베네수엘라 국기는 1811년 제정되었어요. 바탕의 노란색은 나라의 풍부함, 파란색은 하늘과 바다, 붉은색은 독립을 위해 흘린 피, 8개의 별은 주(독립 선언서에 서명한 7개의 주와 과야나 지방 포함)를 의미하고, 왼쪽으로 달리는 말은 자유를 상징한다고 해요.

　세계 석유 매장량 1위 국가답게 석유 관련 수출품이 국가 수출품의 90% 이상을 차지해요. 석유 자원을 기반으로 경제 기반을 잘 다져 남미의 최고 부자 나라로 손꼽히던 나라가 석유 가격이 폭락하고 경제 정책 또한 실패하면서 국민들이 가난에 허덕이는 나라로 전락하고 말았어요.

　베네수엘라는 빼어난 자연 경관보다 세계적으로 더 유명한 것이 다름 아닌 아름다운 여인들이에요. 인구 대비 세계 미인 대회에서 가장 많은 입상자가 나와서 '미인의 나라'하면 가장 먼저 베네수엘라를 떠올린대요.

★ 나라별 국기를 색칠해 보세요.

미인 대회 입상자가 유난히 많은 이유는 타고난 미모에 후천적인 노력, 즉 입학 경쟁률 수천 대 1에 달하는 미인사관학교에 입학하여 몸매 관리 훈련, 식사 조절, 다양한 운동 프로그램 등으로 관리해서 세계 대회에 출전한다고 해요.

앙헬 폭포
거의 수직으로 떨어지는 폭포이며, 전체 높이가 979m로 세계에서 가장 높은 폭포예요.

ⓒ 파울로 카피오티

63. 칠레 (칠레 공화국)

수도	산티아고	언어	스페인어
인구	1,870만 명	통화	페소
면적	760,000㎢ (한반도의 3.5배)		
인사말	부에노스 디아스(아침), 부에노스 따르데스(점심), 부에노스 노체스(저녁), 올라(안녕)		

　칠레의 국기는 1817년 제정되었어요. 바탕의 파란색은 하늘과 태평양, 하얀색은 눈 덮인 안데스산맥, 붉은색은 독립을 위해 흘린 피, 별 문양은 통일을 의미해요.

　세계에서 칠레처럼 길게 생긴 나라도 없어요. 동서로는 좁고 남북으로 길게 뻗은 칠레의 국토는 봄, 여름, 가을, 겨울이 다 있는 나라여서 시원하고, 덥고, 선선하고, 추운 날씨를 하루에 경험할 수 있어요.

　칠레 북부 지역에는 아타카마 사막이 있는데 지구에서 가장 건조한 곳으로도 유명해요. 단 한 방울의 비도 내리지 않는 곳도 있으며 미생물조차도 찾아보기 어렵다고 해요. 반대로 남쪽으로 내려오면 전혀 다른 기후예요. 해마다 거의 매일같이 비가 오는 곳도 있고, 남쪽의 끝 부분인 해안가 섬은 남극과 가까워서 빙하도 볼 수 있다고 해요.

　칠레의 명소 이스터 섬만큼이나 유명한 후안페르난데스섬이 있어요. 이 섬이 유명한 까닭은 세계 명작 《로빈슨 크루소》의 실제 배경이기 때문이에요. 1704년 스

★ 나라별 국기를 색칠해 보세요.

코틀랜드 사람인 셀커크가 이 섬에서 혼자 4년여 기간 동안 지낸 이야기가 바로 《로빈슨 크루소》예요. 그래서 이 섬을 '로빈슨 크루소섬'이라고도 해요.

이스터섬

사람의 얼굴 모양을 한 거대한 모아이 석상이 있는 이스터섬은 유네스코 세계 문화유산에 1995년 등재되었어요. 수백 년에 걸쳐 제작된 모아이 석상은 크기가 약 3.5m 작은거부터 큰 것은 20m, 90t으로 수백 개에 이르는 거대한 석상들은 누가 이 석상들은 만들고 어떻게 옮겼는지는 세계적인 불가사의로 남아 있어요.

64. 볼리비아 (볼리비아 다민족국)

수도	라파스 (수크레 : 헌법상 수도)	언어	스페인어, 과라니어
인구	1,164만 명	통화	볼리비아노
면적	1,098,581㎢ (한반도의 5배)		
인사말	부에노스 디아스(아침), 부에노스 따르데스(점심), 부에노스 노체스(저녁), 올라(안녕)		

볼리비아 국기는 1851년 제정되었어요. 바탕의 붉은색은 볼리비아 용맹한 용사들, 노란색은 풍부한 광물 자원, 초록색은 풍요로운 대지를 의미해요. 가운데 방패 모양에는 콘도르, 알파카, 빵나무 등이 그려져 있고 국내에서는 문장이 없는 기를 사용하기도 해요.

볼리비아의 수도는 세계에서 가장 높은 곳에 있는 수도예요.
해발 3600m의 높이에 있는 도시로 산소 농도가 60% 정도에 불과하므로 여행할 때에는 산소가 부족해서 생기는 고산병에 유의해야 해요. 또한 세계에서 가장 높은 케이블카가 있는 도시인데 이는 서민들을 위한 대중교통 수단이기도 해요.

세계에서 가장 넓은 소금 사막인 살라르 데 우유니도 유명해요.
'세상에서 가장 큰 거울'이라고 불리는 이곳에서 오래전부터 소금을 채굴했는데, 볼리비아 국민이 수천 년을 먹고도 남을 만큼 엄청난 양이라고 해요. 또한 리튬 매장량이 세계 최대 보유하고 있는 국가 중 하나이며 리튬은 휴대전화, 노트북,

★ 나라별 국기를 색칠해 보세요.

전기자동차 등에 사용되는 리튬 전지의 주원료이기도 해요.

세계에서 가장 높은 곳의 호수 티티카카 호수
페루와 볼리비아 국경 지대에 있는 호수예요.
남아메리카에서 가장 큰 호수로 유명해요.
호수의 수면 면적은 약 8,300㎢, 해발 고도는 해발 3,810m예요.

65. 페루 (페루 공화국)

수도	리마	언어	스페인어, 케추아어, 아이마라어
인구	3,191만 명	통화	솔
면적	1,280,000㎢ (한반도의 약 6배)		
인사말	부에노스 디아스(아침), 부에노스 따르데스(점심), 부에노스 노체스(저녁), 올라(안녕)		

페루의 국기는 1825년에 제정되었어요. 바탕에 붉은색은 독립을 위해 흘린 피를 하얀색은 평화를 의미해요. 가운데 문양이 있고 없는 형태의 2개의 공식 국기가 있는데, 정부기(문양 있음)와 민간기(문양 없음)로 사용한다고 해요.

페루는 남아메리카에서 가장 오래된 문화유산이 있는 나라예요. 케추아 족의 잉카 제국이 탄생한 곳인데 잉카 제국이 남아메리카 대륙 내의 넓은 영토들을 지배했어요. 그러나 1532년 스페인에 공격을 받아 결국 멸망하고 300년 동안 스페인의 지배를 받았어요. 이후 페루는 1821년 아르헨티나의 호세 데 산 마르틴 장군의 도움으로 독립을 했어요.

페루는 사막, 바다, 정글, 산맥, 고원, 협곡을 전부 볼 수 있는 나라예요. 무엇보다 최고의 관광지는 잉카 유적이에요.

아직도 베일에 싸여 있는 잉카 제국의 마추픽추는 잉카 제국의 절정기에 건설되었어요. 안데스산맥에 자리한 마추픽추는 아름답고 신비로운 유적지이며 누가 왜

★ 나라별 국기를 색칠해 보세요.

건설했고, 어떤 사람들이 살았으며, 이토록 신비롭고 아름다운 도시가 왜 폐허가 되었는지는 밝혀지지 않았어요.

마추픽추
유네스코 세계 문화유산으로 지정되었고 2007년에는 새로운 세계의 7대 불가사의들 중 하나로 선정되었어요.

66. 콜롬비아 (콜롬비아 공화국)

수도	보고타	언어	스페인어, 200여 토착어
인구	4,908만 명	통화	콜롬비아 페소
면적	1,140,000㎢ (한반도의 5배)		
인사말	부에노스 디아스(아침), 부에노스 따르데스(점심), 부에노스 노체스(저녁), 올라(안녕)		

콜롬비아 국기 바탕의 노란색은 주권·정의를, 파란색은 부귀·충성을 붉은색은 희생을 통한 승리를 의미해요.

콜롬비아는 스페인으로부터 지배를 받던 19세기에 독립 투쟁을 하여 현재의 베네수엘라·에콰도르·파나마를 포함하는 대콜롬비아 공화국을 수립하였어요. 그러나 이후 베네수엘라와 에콰도르가 분리하여 독립하였고, 대콜롬비아 공화국은 해체되었어요. 1886년 나라 이름을 '콜롬비아 공화국'으로 바꾸었고, 1903년에는 파나마가 분리하여 독립하였어요.

콜롬비아는 높은 실업률과 빈부차로 사회 문제가 심각해요. 다양한 인종이 모여 살고 예로부터 '엘도라도'라고 불릴 만큼 세계에서 손꼽히는 백금 생산국이에요. 또한 제2의 커피 산지이기도 해요.

아메리카

★ 나라별 국기를 색칠해 보세요.

콜롬비아 커피 재배지 코코라 밸리
콜롬비아 서부에 있는 전통적 커피 재배지로서 유네스코 세계 문화유산에 등재되었어요. 100여 년 동안 전해 내려온 고지대 커피 재배의 전통과 고지대 재배에 적응하기 위한 농부들의 노력이 담긴 문화 경관을 이루고 있어요. 콜롬비아 서쪽의 안데스산맥 서부와 중앙 구릉에 있는 18개의 도시 지역을 포함한 6곳의 농경지가 여기에 해당해요.

67. 멕시코 (멕시코 합중국)

수도	멕시코시티	언어	스페인어
인구	1억 2,865만 명	통화	멕시코 페소
면적	1,960,000㎢ (한반도의 9배)		
인사말	부에노스 디아스(아침), 부에노스 따르데스(점심), 부에노스 노체스(저녁), 올라(안녕)		

　멕시코 국기 바탕의 초록색은 독립과 희망, 하얀색은 종교의 순수성, 붉은색은 여러 민족 간의 통합을 의미해요. 가운데 문양으로는 '독수리가 뱀을 물고 앉아 있는 호숫가의 선인장이 있는 곳에 도읍을 세워라'라는 아스텍 건국 전설을 상징하는 그림이 그려져 있어요.

　멕시코는 1521년부터 스페인의 식민 지배를 받다가 1810년 9월 독립을 선언하고 1821년 스페인으로부터 독립을 인정받았어요.

　세계적인 관광 대국인 멕시코는 관광업이 국내 3대 산업 중 하나로 꼽히며 광활한 영토에 다양하게 분포된 동식물 생태계, 아스테카와 마야 문명으로 대표되는 인류학 및 고고학적 가치가 높은 유적지, 교회, 수도원 등의 문화유산이 풍부해요. 이로 인해 유네스코 세계 문화유산 35개를 보유하고 있는데 이는 아메리카 대륙에서 최대 규모라고 해요.

★ 나라별 국기를 색칠해 보세요.

애니메이션 〈코코〉

멕시코의 시골에 사는 열두 살 소년 미겔이 고대의 신비한 존재들을 만나 운명을 변화시키는 이야기예요.
이 영화의 시간적 배경이 되는 죽은 자들의 날(Dia de Los Muertos)은 멕시코 고유의 명절이며 매년 10월 말에서 11월 초에 세상을 떠난 가족이나 친지를 기리며 그들의 명복을 비는 명절이에요.

치첸이트사에 있는 엘카스티요 피라미드

멕시코 유카탄반도에 있는 마야 문명의 발상지로 멕시코에서 관광객들이 가장 많이 찾는 유적지라고 해요.

68. 파라과이 (파라과이 공화국)

수도	아순시온	언어	스페인어, 과라니어
인구	705만 명	통화	과라니
면적	406,752㎢ (한반도의 1.8배)		
인사말	부에노스 디아스(아침), 부에노스 따르데스(점심), 부에노스 노체스(저녁), 올라(안녕)		

　파라과이 국기는 세계에서 유일하게 앞면과 뒷면이 다른 문양이에요. 앞면에는 별과 '파라과이 공화국', 뒷면에는 사자와 '평화와 정의'라고 적혀 있어요. 바탕의 붉은색, 하얀색, 파란색은 정의, 평화, 자유를 의미해요.

　남아메리카의 중앙에 있는 육지로 둘러싸인 파라과이는 파라과이강을 기준으로 동부 지역과 서부 지역으로 나뉘는데, 인구의 98%가 파라과이강 동쪽에 살고 있어요.

　파라과이 전쟁은 1864년에서 1870년까지 남아메리카에서 브라질, 아르헨티나, 우루과이의 삼국 동맹과 파라과이 간에 발생한 전쟁이에요. 아메리카 대륙 역사상 가장 참혹한 전쟁 중의 하나로 알려져 있어요.
　이 전쟁에서 파라과이는 인구의 절반이 죽었는데 특히 남성 인구가 90%를 차지했으며 파라과이의 영토였던 세계 3대 폭포 중 하나인 이구아수 폭포는 패전으로

★ 나라별 국기를 색칠해 보세요.

인해 우루과이, 아르헨티나, 브라질의 소유로 3등분 되었어요.

이타이푸 댐

높이 196m, 길이 7.76km, 저수량 190억㎥ 이에요.
파라나강에 파라과이와 브라질이 함께 지은 댐이에요.
미국 토목학회(ASCE)가 선정한 20세기
7대 불가사의 중 하나로 선정되었어요.

ⓒ 조나스 드 카르발호

69. 파나마 (파나마 공화국)

수도	파나마시티	언어	스페인어
인구	389만 명	통화	발보아, 미국 달러
면적	75,517㎢ (남한의 3/4)		
인사말	부에노스 디아스(아침), 부에노스 따르데스(점심), 부에노스 노체스(저녁), 올라(안녕)		

파나마 국기 바탕의 파란색과 붉은색은 독립 당시 파나마의 양당인 보수당(파란색)과 자유당(붉은색)을, 하얀색은 평화를, 파란색 별은 충성과 청렴, 붉은색 별은 국가의 권위와 법을 의미해요.

스페인·콜롬비아의 통치를 거쳐 1903년 11월 콜롬비아로부터 독립한 파나마는 남·북아메리카를 잇는 파나마 지협에 있는 나라예요. 지형적인 특징 때문에 태평양과 대서양을 연결하는 파나마운하가 이 나라에 설치되어 있어요.

파나마 운하는 북아메리카와 남아메리카를 연결하는 파나마 지협을 횡단하여 태평양과 대서양을 오갈 수 있도록 만든 인공 수로예요. 대서양 연안의 콜론에서 태평양 연안의 발보아까지 총 길이는 약 80㎞, 너비는 152~304m로 1914년 8월에 완성되었어요.

태평양과 대서양을 관통한 파나마 운하로 이전까지 남아메리카를 우회하던 선박들은 운항 거리를 약 1만 5,000㎞의 거리를 줄일 수 있었어요. 수에즈 운하와

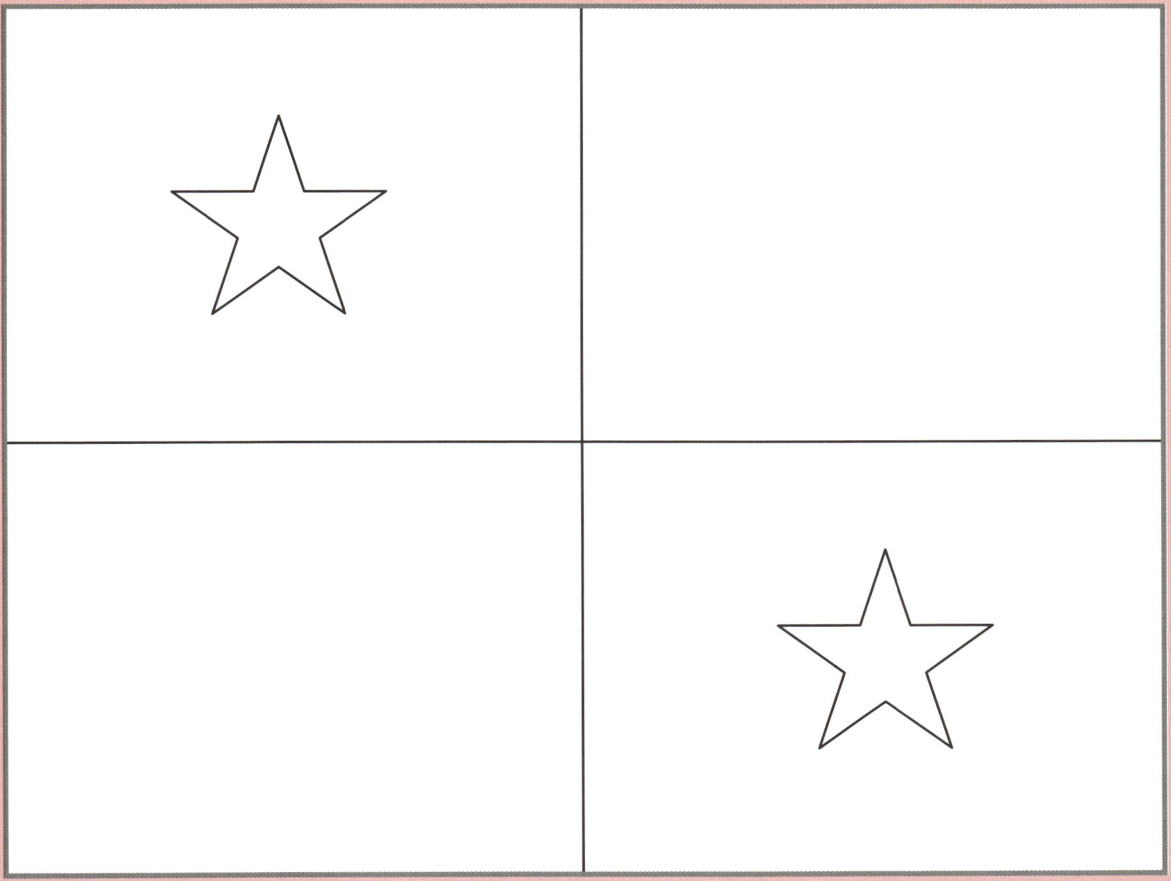

★ 나라별 국기를 색칠해 보세요.

더불어 세계의 양대 운하로 꼽혀요.
　파나마 운하의 건설은 운하에 대한 미국의 독점적 지배로 인해 오랫동안 논쟁의 대상이 되었는데, 1999년 12월 31일에 정식으로 파나마로 이양되었어요.

파나마 운하

모두의 국기
오세아니아

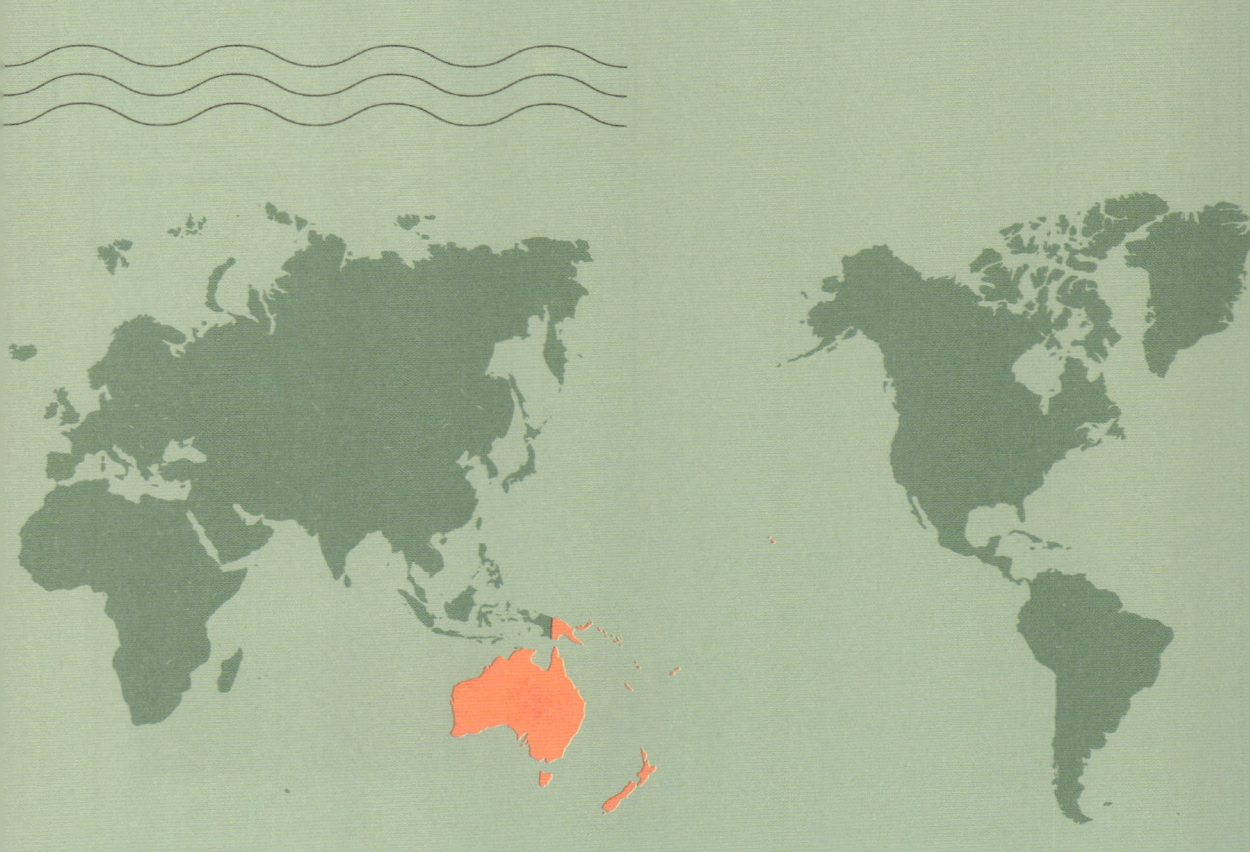

목차

70. 호주 ··· **154**

71. 뉴질랜드 ··· **156**

72. 솔로몬제도 ··· **158**

70. 호주 (호주 연방)

수도	캔버라	언어	영어
인구	2,564만 명	통화	호주 달러
면적	7,690,000㎢ (한반도의 35배)		
인사말	헬로		

 호주 국기에 있는 영국 국기(유니언 잭)는 이 나라가 영국연방의 일원임을 나타내요. 그 아래의 7각 별은 '연방 별(Star of Federation)'이라고 불리는데, 남십자성을 형상화한 것이며 호주(오스트레일리아)를 구성하는 6개의 주와 준주(태즈메이니아섬)를 의미해요.

 전 세계에서 유일하게 대륙을 통째로 차지하고 있는 나라기도 한 호주는 면적에 비해 인구는 적은 편이며 동물을 좋아하는 나라로도 유명해요.

 경제 수준이 높고 사회 보장 제도가 잘된 복지 국가이며, 풍부한 광물 자원, 수산업이 발달하였어요. 호주의 태즈메이니아섬은 아름다운 풍경과 역사 유적이 많아 관광지로 잘 알려져 있어요.
 남반구에 있는 나라라서 계절은 대한민국과 반대이고, 12월 25일 크리스마스는 여름이에요.

★ 나라별 국기를 색칠해 보세요.

태즈메이니아섬
호주 최남단의 큰 섬이자 섬 대부분이 국립 공원으로 지정되어 있으며, 유네스코 세계 문화유산으로 지정된 호주의 주요 관광 자원이에요.

호주의 상징 캥거루
호주 화폐의 일부나 군복에 도안으로 들어가 있어요.

155

71. 뉴질랜드

수도	웰링턴	언어	영어, 마오리어
인구	470만 명	통화	뉴질랜드 달러
면적	270,000㎢ (한반도의 1.2배)		
인사말	헬로		

뉴질랜드 국기에 있는 영국 국기(유니언 잭)는 이 나라가 영국연방의 일원임을 나타내요. 4개의 별은 남십자성이며, 파란색은 남태평양을 나타내고, 별들의 위치는 남태평양에서의 이 나라 위치를 나타내요.

태평양 남서부에 위치한 섬나라인 뉴질랜드는 북섬과 남섬, 그리고 600여 개의 작은 섬들로 구성되어 있으며, 전체 인구의 대부분이 북섬의 도시에 모여 살고 있어요.

뉴질랜드는 세계적으로 유명한 레포츠인 급류타기, 제트보트, 스키, 번지점프, 도보 여행 등 깨끗한 대자연 속에서 많은 이들이 즐거움을 느낄 수 있는 곳이며, 아름다운 해변, 끝없이 펼쳐진 푸른 초원 등 아름다운 자연이 있는 곳이에요.

오세아니아

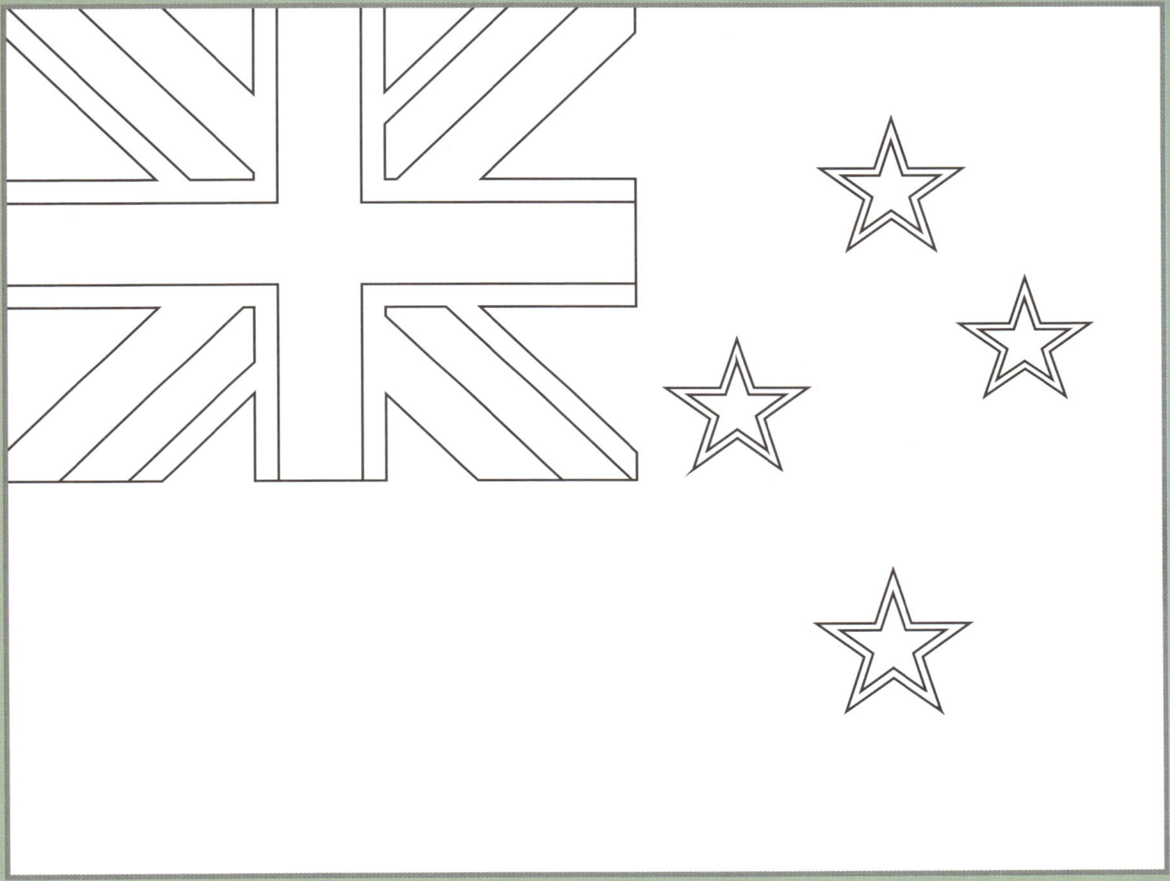

★ 나라별 국기를 색칠해 보세요.

마오리족

뉴질랜드의 마오리족은 백인들과 동등한 관계에서 융화하여 산업 경제에 다양한 분야에 진출하며 그들의 문화를 관광 자원으로 발전시키고 있어요. 특히 목각 공예와 독특한 문신술로 유명해요.
마오리족은 제1차 세계 대전과 제2차 세계 대전, 6.25 전쟁, 베트남 전쟁 등 여러 전쟁에 참여했으며 매우 용맹한 모습을 보였다고 해요.

마오리족 조각상

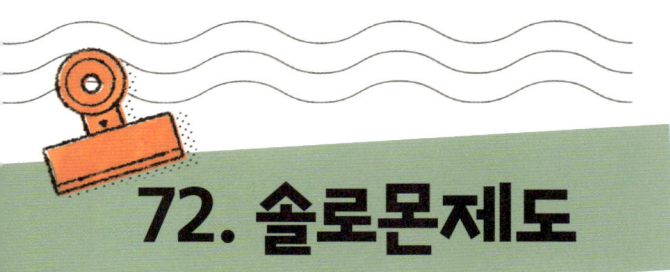

72. 솔로몬제도

수도	호니아라	언어	영어, 피진어
인구	68만 7,000명	통화	솔로몬 달러
면적	28,450 ㎢ (한반도의 1/8)		
인사말	헬로		

솔로몬 제도의 국기는 1977년 공식적으로 제정되었어요. 바탕의 5개 별은 이 나라의 가장 큰 5개의 섬을 나타내며, 파란색은 섬을 둘러싸고 있는 바다를, 초록색은 육지를, 노란색은 햇살을 의미해요.

1568년에 스페인의 탐험가가 이 섬에 도착하였고, 성서에 나오는 풍요의 왕인 솔로몬의 이름을 따 이곳을 솔로몬제도(Islas Salomon)라는 이름을 처음으로 붙였어요. 이후 영국이 이곳을 지배하였으며, 제2차 세계 대전 때는 과달카날 전투가 이곳에서 벌어졌어요. 그러다가 1978년에 독립을 달성했어요.

솔로몬제도의 인구는 대체로 멜라네시아인(95%)과 폴리네시아인(3%)으로 구성되며, 그 외의 인종으로는 1%의 마이크로네시아인과 소수의 유럽인·중국인들이 있어요. 공식어는 영어이지만 영어를 근간으로 하는 혼합어인 피진어가 폭넓게 사용되며, 60여 종 이상의 멜라네시아 고유어가 남아 있어요.

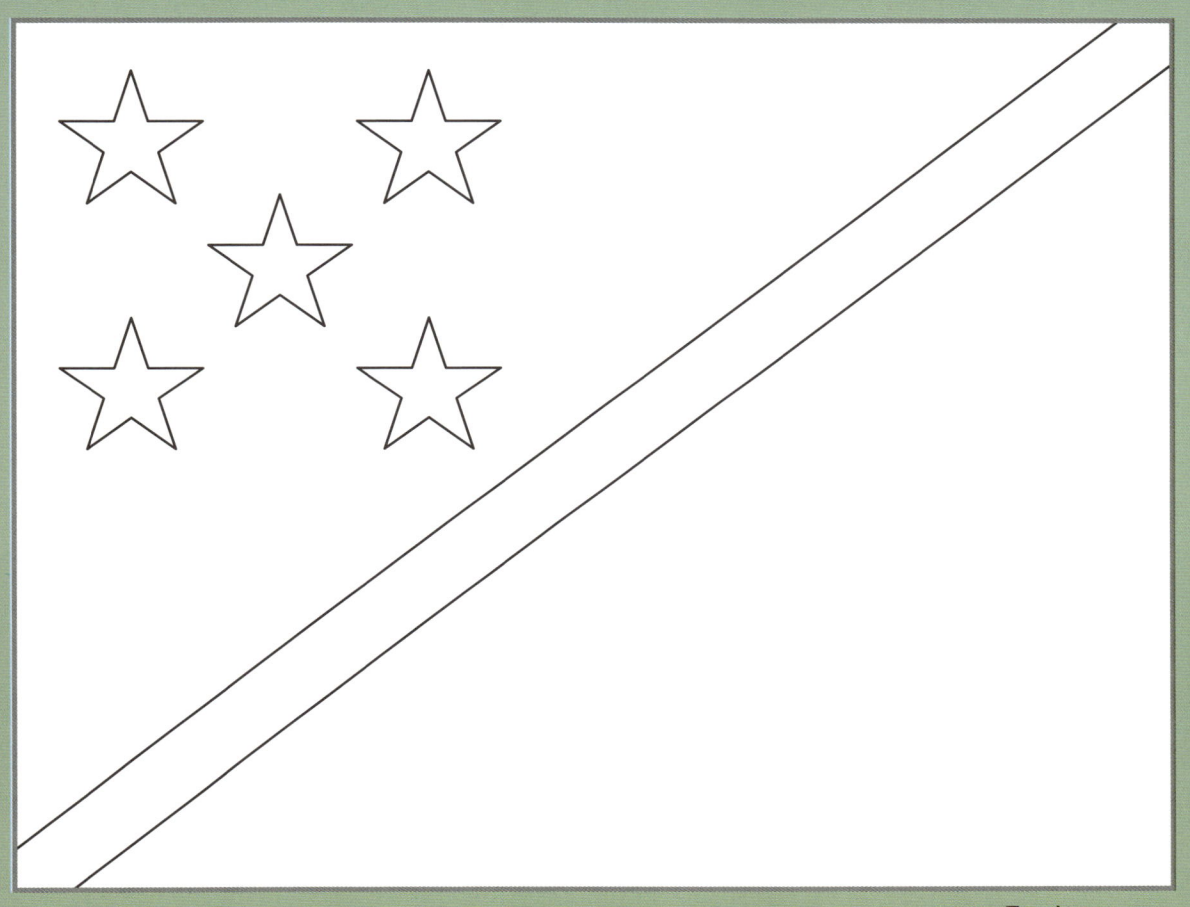

★ 나라별 국기를 색칠해 보세요.

과달카날 전투

과달카날 전투는 제2차 세계 대전 중 1942년 8월부터 1943년 2월까지 일어난 전투예요.

일본 제국에 대한 연합군의 첫 번째 대규모 공격이었어요.